Das individuelle Webseiten Verzeichnis

Zur effektiven Pflege von Webadressen, Zugangsdaten, Passwörtern und Namen

1.0.1 erweiterte Ausgabe

Von Wilfred Lindo

Herausgegeben von **www.streamingz.de**

Impressum

Das individuelle Webseiten Verzeichnis

Zur effektiven Pflege von Webadressen, Zugangsdaten, Passwörtern und Namen

von Wilfred Lindo von Streamingz

Der vorliegende Titel wurde mit großer Sorgfalt erstellt. Dennoch können Fehler nicht vollkommen ausgeschlossen werden. Der Autor und das Team von **streamingz.de** übernehmen daher keine juristische Verantwortung und keinerlei Haftung für Schäden, die aus der Benutzung dieses Buches oder Teilen davon entstehen. Insbesondere sind der Autor und das Team von **streamingz.de** nicht verpflichtet, Folge- oder mittelbare Schäden zu ersetzen.

Alle Warennamen werden ohne Gewährleistung der freien Verwendbarkeit benutzt und sind möglicherweise eingetragene Warenzeichen. Der Verlag richtet sich im Wesentlichen nach den Schreibweisen der Hersteller.

Cover-Foto: © stockunlimited.com / Redaktionsbüro Lindo

Das Werk einschließlich aller seiner Teile ist urheberrechtlich geschützt. Jede Verwertung - auch auszugsweise - ist nur mit Zustimmung des Autors/Verlages erlaubt. Alle Rechte vorbehalten.

© 2020 by Wilfred Lindo Marketingberatung
/ Redaktionsbüro Lindo

Webadressen, Zugangsdaten, Passwörtern und Notizen!

Buch-Produktion und -Distribution

Redaktionsbüro Lindo

NEU: Die Seite zum Thema Streaming: **www. streamingz.de**

Scan mich! Weitere Ratgeber, die ebenfalls für Sie interessant sind!

ISBN: **9798602492439**

Imprint: Independently published

Inhaltsverzeichnis

Impressum 2

Idee dieses Buches 5

Der effektive Schutz im Internet? 6

Welche Sicherheitsmaßnahmen am Arbeitsplatz? 14

A - C 16

D - F 23

G - H 32

I - K 39

L - N 46

O - R 53

S - T 61

U - V 68

W - Z 75

0 - 9 82

Sonstiges 89

Meine Notizen 96

Wie hat Ihnen dieses Buch gefallen? 100

In eigener Sache, Rechtliches, Impressum 101

Idee dieses Buches

Wer sich viel im Internet bewegt, besucht in der Regel eine Fülle von unterschiedlichen **Webseiten**. Dabei existieren aktuell zu jedem erdenklichen Thema die passenden Inhalte im Netz. Keine Frage bleibt unbeantwortet. Mit etwas Geduld kann der interessierte Surfer ein fast grenzenloses Wissen am eigenen Rechner abrufen.

Mit wenigen Handgriffen lässt sich über einen handelsüblichen Browser jede Frage formulieren. Anschließend spucken Google & Co. zahllose **Internetseiten** aus, die möglicherweise das gewünschte Wissen bereitstellen. Anschließend wird eine Webseite angesteuert und der Nutzer hält Ausschau nach den gewünschten Inhalten. Dies dauert meist nur wenige Augenblicke, dann springt der Surfer zum nächsten Angebot. Oftmals werden so **interessante Inhalte** einfach übersehen.

Wer zu einem späteren Zeitpunkt die Inhalte nochmals überprüfen möchte, hat meist die Adresse der Webseite längst wieder vergessen. Zwar bietet heute jeder Browser die Möglichkeit, den bisherige Verlauf nochmals abzurufen, doch die Funktion ist nur wenigen Anwender bekannt. Gleiches gilt auch für das Setzen von **Lesezeichen** im Internet.

Noch schwieriger wird es mit **Zugangsdaten**, **Passwörtern** und **Nutzerkürzeln** bei kostenpflichtigen Seiten. In der Regel sind diese Informationen bereits nach wenigen Stunden vergessen. Wer sich diese Daten nicht notiert hat, muss bei einem erneuten Besuch der Seite meist eine zeitaufwendige Prozedur durchlaufen, um erneut auf die Seite zuzugreifen. Diese schmerzliche Erfahrung hat wohl schon jeder Nutzer im Internet gemacht.

Dabei gibt es eine geniale und doch einfache Lösung für dieses ständig auftretende Problem: Die Rede ist von einem eigenen **Webseiten Verzeichnis** in gedruckter Form. Hier lassen sich die wichtigsten Zugangsdaten von Shops und interessanten Seiten einfach handschriftlich hinterlegen. Zwar ist bei dieser Vorgehensweise etwas Disziplin notwendig, aber dadurch müssen Sie keine Zugangsdaten mehr suchen.

Bei dem vorliegenden Webseiten Verzeichnis im handlichen Druckformat können Sie bis zu **600 Adressen** und Zugangsdaten von bevorzugen

Internetangeboten notieren. Die Einträge erfolgen alphabetisch, so finden Sie jede Adresse im Handumdrehen. Zudem ist diese **Verwaltung** ihrer bevorzugten **Webseiten** völlig unabhängig von einer technischen Lösung. Der Missbrauch der Daten ist ebenfalls ausgeschlossen. Eine perfekte analoge Lösung in digitalen Zeiten. So haben Sie alle Adressen und Zugangsdaten immer griffbereit.

Bonus: Zusätzlich ist ein ausführlicher Passwort-Helfer enthalten. Hier erhalten Sie viele Anregungen, wie das optimale Passwort aussehen sollte.

Der beste Schutz im Internet?

In einem Zeitalter der zunehmenden **Vernetzung** und **Kommunikation** wird der Schutz von strategisch entscheidenden und persönlichen Daten immer wichtiger. Dabei gilt es, relevante Daten vor technischen, feindlichen und unsachgemäßen Eingriffen zu schützen. Dies gilt gleichermaßen für private und geschäftliche Informationen.

Das vorliegende Buch stellt eine praktische **Arbeitshilfe** dar, wenn es um den Schutz der eigenen Daten geht. Dabei ist die Windows-Basis eher als exemplarisch anzusehen. Längst existieren auch für andere Plattformen vergleichbare Gefahren. Doch die richtigen Gegenmaßnahmen und Verhaltensweisen sind auf allen Plattformen vergleichbar.

Dabei sind die möglichen Gefahren vielschichtig. Die spektakulärsten Angriffe geschehen natürlich über das Internet und betreffen gleich eine Vielzahl von Anwendern. Ob Virus, Wurm oder Trojanisches Pferd, die **Gefahren**, die über das Netz auf den heimischen Rechner gelangen können, sind von unterschiedlichster Art.

Nicht zuletzt ist der **Schutz** vor Viren und anderen Gefahren ein riesiges Geschäft. So stiegen die Börsenkurse der Anbieter von Antivirus-Programmen beim weltweiten Übergriff sprunghaft an. Zudem haftet der Hackerszene etwas *Geniales* und zugleich *Zerstörisches* an, entsprechend nutzt die Presse jede noch so kleine Meldung über einen Virus als Aufhänger für grenzenlos übertriebene Berichterstattungen.

Doch der Anwender wird nicht nur von Viren und anderen schädlichen Angreifern belästigt.

Wie kann ich meine Daten sichern?

Die zentrale Frage beim sicheren Umgang mit den persönlichen Daten ist die korrekte Handhabung der **Zugangsparameter**. Hier gehört zweifelsohne das Nutzen von Passwörtern zur eigentlichen Schwachstelle. In einem Zeitalter ständig steigender Informationen wird es für den Einzelnen immer schwieriger mit den unzähligen Passwörtern,

Kennworten und **Transaktionscodes** sicher und fehlerfrei umzugehen. Immer mehr Konto- und Kreditkartennummer sowie Computercodes belasten das Gedächtnis.

Was tut also der überlastete Anwender? Er notiert sich die wichtigsten Kennwörter auf einem Zettel. Idealerweise befindet sich dieser in unmittelbarer Nähe des Rechners. Dies ist sicherlich völlig problemlos, wenn nur Sie einen Zugang zu dem **Computer** haben. Anders sieht es in dem Augenblick aus, wenn auch andere Personen Zugang zu diesem Rechner haben. Wer sich in dieser Situation nicht an einige Grundregeln in Sachen **Sicherheit** hält, wird sehr schnell mit den ersten Problemen konfrontiert.

Noch immer herrscht besonders bei den Mitarbeitern von Unternehmen die einhellige Meinung, dass **Kennworte** und **Zugangscodes** nur den natürlichen Arbeitsfluss stören und somit überflüssig sind. Entsprechend haften Zettelchen mit Zugangscodes an den Monitoren oder liegen griffbereit in der obersten Schublagen der Schreibtische. Hier darf sich dann auch niemand wundern, wenn ein Unbefugter den Weg in ihr Computersystem problemlos findet. Denn genau an diesen Stellen sucht der erfahrene Täter.

Vielerorts werden die relevanten Kennworte auch einfach ausgetauscht. Meist hat man das Passwort vergessen oder scheut einfach nur den langwierigen Weg über die **Service-Abteilung** zu beschreiben. Der nachlässige Umgang mit wichtigen Daten kann jedoch im Extremfall zu großen Schäden führen.

Noch immer ist das größte Sicherheitsrisiko der Mensch selbst. Dies gilt nicht nur für den elektronischen Nachrichtenaustausch. Eine besonders einfache Art des unrechtmäßigen Zugriffs auf persönliche Informationen (z.B. **Passwort**, User ID, **Kreditkartennummer** etc.) ist die einfache Anfrage per E-Mail. Dabei geben sich Späher als Mitarbeiter von Institutionen, Online-Diensten oder Banken aus. Geben Sie ihre persönlichen Daten auf diesem Wege weiter, ist der Missbrauch vorprogrammiert.

Daher gibt es einige Dinge, die Sie in Sachen Sicherheit einfach beachten müssen:

Webadressen, Zugangsdaten, Passwörtern und Notizen!

- Notieren Sie niemals ein wichtiges Kennwort auf einem Zettel. Lernen Sie ihre **Codes** auswendig und vernichten Sie die Vorlage.
- Bewahren Sie Ihr Passwort bitte an einem sicheren Ort getrennt von Ihrer **User ID** auf.
- Geben Sie niemals ein Kennwort oder einen wichtigen Code aus den Händen. Weder ein Kollege, ein Service-Techniker oder ein Webmaster sollten ihre **persönlichen Daten** kennen.
- Geben Sie bitte weder Ihr Passwort noch Ihre **Konfigurationsdatei** für einen bestimmten Online-Dienst (z.B. Facebook, Instagram oder Twitter) weiter.
- Falls Dritte Zugriff auf Ihren Rechner haben, speichern Sie ihr Passwort nicht ab, sondern tragen es erst bei einem **Login** ein.
- Haben Sie den Eindruck, dass doch jemand sich ihrer Kennworte bemächtigt hat, wenden Sie sich an den **Systemverwalter** des Netzes oder verändern Sie sofort das betreffende Kennwort.
- Liegt eine Anfrage an Sie vor, dann geben Sie unverzüglich die Daten an den **Provider** oder den Online-Dienst weiter.
- Ändern Sie Ihr Passwort regelmäßig.

Beachten Sie diese Regeln, dann sollten Sie vor einem Missbrauch geschützt sein.

Wie sieht das perfekte Passwort aus?

Schon bei der Wahl des richtigen Passworts können Sie dem Missbrauch etwas vorbeugen. Daher sollten Sie unbedingt ein möglichst langes Kennwort nutzen und dieses in regelmäßigen Abständen austauschen. Allerdings existieren einige Dienste, die ein längeres Wort als **Zugangscode** nicht zulassen. In diesem Fall müssen Sie dem System vertrauen, dass es zu keinem Missbrauch kommt.

Hier nun einige Regeln, die es bei der Vergabe von Kennworten zu beachten gilt:

- Vermeiden Sie gängige **Modebegriffe** und Namen. Diese werden immer an erster Stelle ausprobiert.

- Nutzen Sie auch **keine Namen** aus dem Familien- oder Bekanntenkreis. Diese sind für einen Außenstehenden relativ einfach zu ermitteln.
- Auch **Geburtstermine** und wichtige persönliche Daten sind gänzlich ungeeignet als Zugangscodes.
- Ähnlich gestaltet es sich mit Namen von Persönlichkeiten und Stars.
- Bilden Sie **Passwörter** möglichst aus einer Kombination (von mindestens sechs) Buchstaben und Ziffern in Groß- und Kleinschreibung. Auch **Sonderzeichen** bieten einen zusätzlichen Schutz.
- Benutzen Sie für verschiedene Accounts auch verschiedene Passwörter. Wer Ihren **Mail-Account** geknackt hat, sollte nicht auch noch Ihr Bankkonto plündern können.

Ein Großteil der Übergriffe lassen sich mit der Befolgung dieser Regeln abwehren. Denn die meisten Versuche ungeübter Hacker den Zugriff zu ihrem System zu erhalten, geschieht durch das einfache Testen von bekannten Begriffen und Zahlenkombinationen.

Bei professionellen Angreifern wird die Sache schon deutlich schwieriger. Immerhin können Sie durch die korrekte Wahl eines Passwortes das Knacken des Codes auch für den geübten Anwender deutlich schwieriger gestalten. Meist werden zum Knacken von Codes elektronische Hilfsmittel eingesetzt. Diese sind mit den gängigsten Begriffen gefüttert.

Wie vergeben Sie optimale Passwörter?

Das Passwort einer Kennung hat entscheidenden Einfluss auf die Sicherheit der darin enthaltenen Daten. Mit einem schlecht gewählten Passwort öffnet man beliebigen Manipulationen durch Dritte Tür und Tor. Es ist daher von großer Wichtigkeit, seine Kennung mit einem guten Passwort zu schützen. Ein wirklich gutes Passwort umfasst mindestens **8 bis 10 Zeichen**, dabei werden sowohl Zahlen als auch Buchstaben eingesetzt und die Groß- und Kleinschreibung wird aktiv eingesetzt.

Vermeiden Sie grundsätzlich Kennworte, die in leichter Form zu erraten sind. Viele Zwischenfälle ereignen sich dadurch, dass ein Code durch das bloße Erraten umgangen werden. Viele Anwender verwenden dabei öffentliche **Kennworte**, die meist eine einfache Abwandlung des eigenen Namens darstellen. Selbst bei umfangreichen Umstellungen können spezielle Programme mögliche **Varianten** herausfinden. Beispiel: Ihr Name Martin Mustermann. Entsprechend entstehen aus Ihrem Namen folgende Varianten:

- Muster
- Mmuster
- Mannmuster
- Mmartin
- ArtinM
- MartinMartin
- Nitram
- ...

Die Reihe lässt sich beliebig verlängern. Dennoch sollten Sie diese Form der Kennwort-Erzeugung zwingend vermeiden. Jedes Passwort, das auf Ihrem Namen basiert, ist extrem anfällig gegenüber einem fremden Zugriff.

Im nächsten Schritt versucht ein Hacker, bekannte Eigennamen als Zugangsschlüssel für Ihr Konto oder Ihren persönlichen Dateien zu nutzen. Hier existieren ganze Listen von beliebten Namen, die häufig aus der Showbranche oder aus Filmen entliehen werden.

Beispiel: "*James*", "*Bond*", "*Kirk*", "*Picard*", "*Enterprise*", "*Columbo*", "*Derrick*", "*R2D2*", "*Skywalker*", "*Starwars,* " usw. Auch diese Liste lässt sich beliebig fortsetzen.

Natürlich werden auch beliebige Kombinationen dieser fiktiven Namen versucht. Bei dieser Form der Passwörter kann es ebenfalls nur heißen: Hände weg!

Im Internet kursiert seit einiger Zeit eine Liste von Passwörtern von der amerikanischen Online-Community "*MySpace*". Dabei haben sich einige Experten die Mühe gemacht, die häufigsten, einfachsten Passwörter heraus zu suchen. Hier ist die TopTen der verwendeten Passwörter:

- **password1:** Der absolute Nummer 1. Immerhin ist der Begriff noch mit einem Sonderzeichen kombiniert.
- **abc123:** Auch diese gängige Kombination von Buchstaben und Zahlen bedeutet keinerlei Sicherheit.
- **myspace1:** Der Name der jeweiligen Website wird auch sehr gerne verwendet.
- **Password:** Besser geht es nicht!
- **blink182:** Auch vom Namen ihrer Lieblingsband sollten Sie lieber die Hände lassen.
- **qwerty1:** Ein weiterer unsicher Kandidat.
- **f**kyou:** Auch gängige Schimpfwörter sind überhaupt nicht als Passwörter geeignet.
- **123abc:** Eine ebenfalls sehr beliebte Variante, die nicht die Bezeichnung Passwort verdient hat.
- **baseball1:** In den USA der Lieblingssport, bei uns würde ein anderes Wort an dieser Stelle stehen.
- **football1:** Die Nummer 2 in den USA. Auch dieser Begriff ist für jeden Hacker ein Kinderspiel.
- **123456:** Hier zeigt der Anwender immerhin die Fähigkeit, sechs Zahlen zu kennen.
- **soccer:** Dieser Begriff rangiert in unserem Lande mit Sicherheit ganz weit vorne.
- **monkey1:** Auch bei uns stehen Tiernamen hoch im Kurs.
- **liverpool1:** Natürlich darf in der Liste nicht der Name der eigenen Stadt fehlen. Auch hier gilt: sehr gefährlich.
- **princess1:** Kosenamen sind beliebt und gefährlich.

Hier einige deutsche Lieblings-Passwörter, die einfach nur gefährlich sind:

- **123456:** Die weltweit beliebte Zahlenkombination rangiert bei uns klar auf dem ersten Platz.
- **f*cken:** Ohne Worte.
- **passwort:** Eine wirklich tolle Idee. Hier freud sich jeder Hacker.
- **schatz:** Kosenamen werden auch hierzulande gerne genutzt. Hände weg!
- **baby:** Sehr nett, aber als Zugangsparameter einfach zu leicht zu knacken.

- **sommer:** Auch gängige Begriffe werden immer wieder als Passwort verwendet.
- **hallo:** Einfacher geht es nicht.
- **frankfurt:** Auch der eigene Wohnort ist wenigen Minuten geknackt.
- **daniel:** Nehmen Sie keinen Namen von Freunden oder Verwandten.
- **marion:** Auch der eigene Name ist völlig ungeeignet.

Doch der Erfindungsreichtum von Hackern kennt keine Grenzen. Gerne werden ganze Wörterbücher, die beispielsweise bei der **Rechtschreibprüfung** Ihrer **Textverarbeitung** benutzt werden, herangezogen. Spezielle Programme sind in der Lage, diese Wörterbücher einzulesen und anschließend auf das Knacken Ihres Passwortes anzusetzen. Daher gilt auch hier: Nutzen Sie kein Kennwort, das Sie in einem beliebigen Lexikon, Wörterbuch oder einer vergleichbaren Wortsammlung finden können.

Welche variantenreichen Ideen existieren?

Von den vorgestellten Passworten ist also grundsätzlich abzuraten. Auch das Verändern dieser Begriffe durch das Anhängen von **Ziffern** oder **Sonderzeichen** machen das gewählte Kennwort nicht wirklich sicher. Auch das Einfügen von einzelnen **Großbuchstaben** oder das Ersetzen einzelner Buchstaben durch Sonderzeichen verbessern das gewählte Passwort nicht wirklich.

Auch die Wahl von **Zahlenkombinationen**, die auf persönlichen Daten beruhen, sind eine schlechte Wahl. Wer seinen Hochzeitstag, den Geburtstag seiner Kinder, die Telefonnummer oder die Konfektionsgröße seines Freundes nutzt, darf sich nicht wundern, wenn jemand seinen Zugang knackt.

Was ist nun das perfekte Passwort? Die besten Erfahrungen werden Sie machen, wenn Sie eine völlig zufällige Folge von Sonderzeichen, Buchstaben und Ziffern wählen. Es sollte einfach keine Logik hinter dem Passwort stecken, denn diese kann mit einem leistungsstarken Programm ermittelt werden.

Problem bei dieser Form des Passwortes, Sie können sich die beliebige Zeichenfolge kaum merken. Denn wer sein gutes Kennwort zu Papier bringt, hätte sich gleich die Mühe mit der Erzeugung des Codes sparen können.

Die Lösung liegt bei sogenannten **Eselsbrücken**. Sie müssen sich eine Verknüpfung zu Ihrem Kennwort bereitlegen, die nur für Sie zur richtigen Reihenfolge führt. Hier existieren unterschiedliche Ansätze:

- Sie ersetzen Wortteile durch für Sie nachvollziehbare Synonyme. Beispielsweise wählen Sie das Wort: *Brotzeit*. Sie ersetzen das Wort *Brot* durch *Essen* und den Begriff *Zeit* durch Uhr. Nun ersetzen Sie den 2. / 3. und ein Sonderzeichen: Das Ergebnis lautet: *E//en$hr*. Dabei sollten die Ersetzungen nicht zu öffentlich sein. Das Wort "ver2felt" ist dann doch zu einfach. Mit dieser Form des Kennwortes ergeben sich Möglichkeiten, auch ein schwieriges Kennwort im Gedächtnis zu behalten.
- Das Kombinieren von nur Ihnen bekannten Begriffen, die für eine dritte Person nicht nachvollziehbar sind. Nehmen Sie die Vorwahl Ihres besten Freundes und das Autokennzeichen Ihres Nachbarn und kombinieren Sie die Buchstaben und Ziffern. Hier lassen sich sicherlich eine Vielzahl von Möglichkeiten finden.
- Eine weitere Methode zur Erzeugung eines sicheren Passwortes ist die Verwendung der sogenannten Pass-Phrase-Methode. Hierzu wählen Sie im ersten Schritt einfach einen leicht zu merkenden Satz aus, der natürlich nicht von einer anderen Person nachvollziehbar sein sollte. Als Beispiel nehmen Sie den Satz: „In der Ruhe liegt die Stärke". Nun ziehen Sie die einzelnen Anfangsbuchstaben zu einem Wort zusammen. Es ergibt sich IDRLDS. Mit dem Einsatz von Groß- und Kleinschreibung, Ziffern und Sonderzeichen verbessern Sie weiterhin das gewonnene Kennwort. Mit dieser einfachen Methode lassen sich effektiven und für Sie nachvollziehbare Passwörter erzeugen.

Online-Sicherheit im Netz am Arbeitsplatz

Doch nicht nur im privaten Umfeld sollten Sie auf die entsprechenden Sicherheitsmaßnahmen achten. Besonders im beruflichen Umfeld wird es immer wichtiger, auf den Schutz der eigenen Daten zu achten. Hier einige Regeln und Fragestellungen, die Sie am Arbeitsplatz beachten sollten. Weitere Anhaltspunkte finden Sie in den folgenden Kapiteln:

Welche Zugriffsrechte sollen die Mitarbeiter innerhalb des Intranets und auf die Daten anderer Niederlassungen haben? Die eingerichteten Rechte sollten nicht aus Unkenntnis oder aus diffuser Angst vor einer zu restriktiven, produktivitätsbeschränkenden Einstellung zu großzügig vergeben werden.

Auf welche Informationen sollen Zugriffe von außen (Außendienst, freie Mitarbeiter) möglich sein? Aufgrund des Wegfalls der Zutrittskontrolle zum Unternehmensgelände können unerwünschte Zugriffe auf externe Arbeitsplatzrechner (Heimarbeitsplätze) oder Notebooks möglich werden.

Sollen Zugriffe zu allen Tageszeiten (Tag und Nacht?) erfolgen können? Was für Zugriffe aus dem Inland eine sinnvolle Einschränkung seien kann, würde bei international arbeitenden Unternehmen Produktivitätseinschränkungen bedeuten.

Welche Daten müssen verschlüsselt werden, und welche Qualität (Algorithmus, Schlüssellänge) muss verwendet werden? Auch hier kann nur der festgestellte Schutzbedarf Entscheidungskriterium sein. Bei internationalen Verbindungen kommen die landesspezifischen Einschränkungen hinzu (Beispiel Frankreich, USA), die ggf. durch andere Maßnahmen ergänzt werden müssen.

Sollen auch die nur intern übertragenen Daten verschlüsselt werden? Bei besonders schützenswerten Informationen (Personaldaten, Geschäftsgeheimnisse, Planungsdaten) muss auch intern über den Schutz der Netzdaten entschieden werden.

Ihr **Streamingz Team** wünscht Ihnen viel Spaß

Das individuelle Webseiten Verzeichnis

A-C

WEBSEITE:	NAME/ADRESSE	NOTIZEN:
ZUGANGSDATEN:	NUTZERNAME	
	PASSWORT	

WEBSEITE:	NAME/ADRESSE	NOTIZEN:
ZUGANGSDATEN:	NUTZERNAME	
	PASSWORT	

WEBSEITE:	NAME/ADRESSE	NOTIZEN:
ZUGANGSDATEN:	NUTZERNAME	
	PASSWORT	

WEBSEITE:	NAME/ADRESSE	NOTIZEN:
ZUGANGSDATEN:	NUTZERNAME	
	PASSWORT	

WEBSEITE:	NAME/ADRESSE	NOTIZEN:
ZUGANGSDATEN:	NUTZERNAME	
	PASSWORT	

WEBSEITE:	NAME/ADRESSE	NOTIZEN:
ZUGANGSDATEN:	NUTZERNAME	
	PASSWORT	

WEBSEITE:	NAME/ADRESSE	NOTIZEN:
ZUGANGSDATEN:	NUTZERNAME	
	PASSWORT	

WEBSEITE:	NAME/ADRESSE	NOTIZEN:
ZUGANGSDATEN:	NUTZERNAME	
	PASSWORT	

Webadressen, Zugangsdaten, Passwörtern und Notizen!

A-C

WEBSEITE:	NAME/ADRESSE	NOTIZEN:
ZUGANGSDATEN:	NUTZERNAME	
	PASSWORT	
WEBSEITE:	NAME/ADRESSE	NOTIZEN:
ZUGANGSDATEN:	NUTZERNAME	
	PASSWORT	
WEBSEITE:	NAME/ADRESSE	NOTIZEN:
ZUGANGSDATEN:	NUTZERNAME	
	PASSWORT	
WEBSEITE:	NAME/ADRESSE	NOTIZEN:
ZUGANGSDATEN:	NUTZERNAME	
	PASSWORT	
WEBSEITE:	NAME/ADRESSE	NOTIZEN:
ZUGANGSDATEN:	NUTZERNAME	
	PASSWORT	
WEBSEITE:	NAME/ADRESSE	NOTIZEN:
ZUGANGSDATEN:	NUTZERNAME	
	PASSWORT	
WEBSEITE:	NAME/ADRESSE	NOTIZEN:
ZUGANGSDATEN:	NUTZERNAME	
	PASSWORT	
WEBSEITE:	NAME/ADRESSE	NOTIZEN:
ZUGANGSDATEN:	NUTZERNAME	
	PASSWORT	

Das individuelle Webseiten Verzeichnis

A-C

WEBSEITE:	NAME/ADRESSE	NOTIZEN:
ZUGANGSDATEN:	NUTZERNAME	
	PASSWORT	
WEBSEITE:	NAME/ADRESSE	NOTIZEN:
ZUGANGSDATEN:	NUTZERNAME	
	PASSWORT	
WEBSEITE:	NAME/ADRESSE	NOTIZEN:
ZUGANGSDATEN:	NUTZERNAME	
	PASSWORT	
WEBSEITE:	NAME/ADRESSE	NOTIZEN:
ZUGANGSDATEN:	NUTZERNAME	
	PASSWORT	
WEBSEITE:	NAME/ADRESSE	NOTIZEN:
ZUGANGSDATEN:	NUTZERNAME	
	PASSWORT	
WEBSEITE:	NAME/ADRESSE	NOTIZEN:
ZUGANGSDATEN:	NUTZERNAME	
	PASSWORT	
WEBSEITE:	NAME/ADRESSE	NOTIZEN:
ZUGANGSDATEN:	NUTZERNAME	
	PASSWORT	
WEBSEITE:	NAME/ADRESSE	NOTIZEN:
ZUGANGSDATEN:	NUTZERNAME	
	PASSWORT	

Webadressen, Zugangsdaten, Passwörtern und Notizen!

A-C

WEBSEITE:	NAME/ADRESSE	NOTIZEN:
ZUGANGSDATEN:	NUTZERNAME	
	PASSWORT	
WEBSEITE:	NAME/ADRESSE	NOTIZEN:
ZUGANGSDATEN:	NUTZERNAME	
	PASSWORT	
WEBSEITE:	NAME/ADRESSE	NOTIZEN:
ZUGANGSDATEN:	NUTZERNAME	
	PASSWORT	
WEBSEITE:	NAME/ADRESSE	NOTIZEN:
ZUGANGSDATEN:	NUTZERNAME	
	PASSWORT	
WEBSEITE:	NAME/ADRESSE	NOTIZEN:
ZUGANGSDATEN:	NUTZERNAME	
	PASSWORT	
WEBSEITE:	NAME/ADRESSE	NOTIZEN:
ZUGANGSDATEN:	NUTZERNAME	
	PASSWORT	
WEBSEITE:	NAME/ADRESSE	NOTIZEN:
ZUGANGSDATEN:	NUTZERNAME	
	PASSWORT	
WEBSEITE:	NAME/ADRESSE	NOTIZEN:
ZUGANGSDATEN:	NUTZERNAME	
	PASSWORT	

Das individuelle Webseiten Verzeichnis

A-C

WEBSEITE:	NAME/ADRESSE	NOTIZEN:
ZUGANGSDATEN:	NUTZERNAME	
	PASSWORT	
WEBSEITE:	NAME/ADRESSE	NOTIZEN:
ZUGANGSDATEN:	NUTZERNAME	
	PASSWORT	
WEBSEITE:	NAME/ADRESSE	NOTIZEN:
ZUGANGSDATEN:	NUTZERNAME	
	PASSWORT	
WEBSEITE:	NAME/ADRESSE	NOTIZEN:
ZUGANGSDATEN:	NUTZERNAME	
	PASSWORT	
WEBSEITE:	NAME/ADRESSE	NOTIZEN:
ZUGANGSDATEN:	NUTZERNAME	
	PASSWORT	
WEBSEITE:	NAME/ADRESSE	NOTIZEN:
ZUGANGSDATEN:	NUTZERNAME	
	PASSWORT	
WEBSEITE:	NAME/ADRESSE	NOTIZEN:
ZUGANGSDATEN:	NUTZERNAME	
	PASSWORT	
WEBSEITE:	NAME/ADRESSE	NOTIZEN:
ZUGANGSDATEN:	NUTZERNAME	
	PASSWORT	

Webadressen, Zugangsdaten, Passwörtern und Notizen!

A-C

WEBSEITE:	NAME/ADRESSE	NOTIZEN:
ZUGANGSDATEN:	NUTZERNAME	
	PASSWORT	
WEBSEITE:	NAME/ADRESSE	NOTIZEN:
ZUGANGSDATEN:	NUTZERNAME	
	PASSWORT	
WEBSEITE:	NAME/ADRESSE	NOTIZEN:
ZUGANGSDATEN:	NUTZERNAME	
	PASSWORT	
WEBSEITE:	NAME/ADRESSE	NOTIZEN:
ZUGANGSDATEN:	NUTZERNAME	
	PASSWORT	
WEBSEITE:	NAME/ADRESSE	NOTIZEN:
ZUGANGSDATEN:	NUTZERNAME	
	PASSWORT	
WEBSEITE:	NAME/ADRESSE	NOTIZEN:
ZUGANGSDATEN:	NUTZERNAME	
	PASSWORT	
WEBSEITE:	NAME/ADRESSE	NOTIZEN:
ZUGANGSDATEN:	NUTZERNAME	
	PASSWORT	
WEBSEITE:	NAME/ADRESSE	NOTIZEN:
ZUGANGSDATEN:	NUTZERNAME	
	PASSWORT	

Das individuelle Webseiten Verzeichnis

A-C

WEBSEITE:	NAME/ADRESSE	NOTIZEN:
ZUGANGSDATEN:	NUTZERNAME	
	PASSWORT	
WEBSEITE:	NAME/ADRESSE	NOTIZEN:
ZUGANGSDATEN:	NUTZERNAME	
	PASSWORT	
WEBSEITE:	NAME/ADRESSE	NOTIZEN:
ZUGANGSDATEN:	NUTZERNAME	
	PASSWORT	
WEBSEITE:	NAME/ADRESSE	NOTIZEN:
ZUGANGSDATEN:	NUTZERNAME	
	PASSWORT	
WEBSEITE:	NAME/ADRESSE	NOTIZEN:
ZUGANGSDATEN:	NUTZERNAME	
	PASSWORT	
WEBSEITE:	NAME/ADRESSE	NOTIZEN:
ZUGANGSDATEN:	NUTZERNAME	
	PASSWORT	
WEBSEITE:	NAME/ADRESSE	NOTIZEN:
ZUGANGSDATEN:	NUTZERNAME	
	PASSWORT	
WEBSEITE:	NAME/ADRESSE	NOTIZEN:
ZUGANGSDATEN:	NUTZERNAME	
	PASSWORT	

Webadressen, Zugangsdaten, Passwörtern und Notizen!

D-F

WEBSEITE:	NAME/ADRESSE	NOTIZEN:
ZUGANGSDATEN:	NUTZERNAME	
	PASSWORT	
WEBSEITE:	NAME/ADRESSE	NOTIZEN:
ZUGANGSDATEN:	NUTZERNAME	
	PASSWORT	
WEBSEITE:	NAME/ADRESSE	NOTIZEN:
ZUGANGSDATEN:	NUTZERNAME	
	PASSWORT	
WEBSEITE:	NAME/ADRESSE	NOTIZEN:
ZUGANGSDATEN:	NUTZERNAME	
	PASSWORT	
WEBSEITE:	NAME/ADRESSE	NOTIZEN:
ZUGANGSDATEN:	NUTZERNAME	
	PASSWORT	
WEBSEITE:	NAME/ADRESSE	NOTIZEN:
ZUGANGSDATEN:	NUTZERNAME	
	PASSWORT	
WEBSEITE:	NAME/ADRESSE	NOTIZEN:
ZUGANGSDATEN:	NUTZERNAME	
	PASSWORT	
WEBSEITE:	NAME/ADRESSE	NOTIZEN:
ZUGANGSDATEN:	NUTZERNAME	
	PASSWORT	

Das individuelle Webseiten Verzeichnis

D-F

WEBSEITE:	NAME/ADRESSE	NOTIZEN:
ZUGANGSDATEN:	NUTZERNAME	
	PASSWORT	
WEBSEITE:	NAME/ADRESSE	NOTIZEN:
ZUGANGSDATEN:	NUTZERNAME	
	PASSWORT	
WEBSEITE:	NAME/ADRESSE	NOTIZEN:
ZUGANGSDATEN:	NUTZERNAME	
	PASSWORT	
WEBSEITE:	NAME/ADRESSE	NOTIZEN:
ZUGANGSDATEN:	NUTZERNAME	
	PASSWORT	
WEBSEITE:	NAME/ADRESSE	NOTIZEN:
ZUGANGSDATEN:	NUTZERNAME	
	PASSWORT	
WEBSEITE:	NAME/ADRESSE	NOTIZEN:
ZUGANGSDATEN:	NUTZERNAME	
	PASSWORT	
WEBSEITE:	NAME/ADRESSE	NOTIZEN:
ZUGANGSDATEN:	NUTZERNAME	
	PASSWORT	
WEBSEITE:	NAME/ADRESSE	NOTIZEN:
ZUGANGSDATEN:	NUTZERNAME	
	PASSWORT	

Webadressen, Zugangsdaten, Passwörtern und Notizen!

D-F

WEBSEITE:	NAME/ADRESSE	NOTIZEN:
ZUGANGSDATEN:	NUTZERNAME	
	PASSWORT	
WEBSEITE:	NAME/ADRESSE	NOTIZEN:
ZUGANGSDATEN:	NUTZERNAME	
	PASSWORT	
WEBSEITE:	NAME/ADRESSE	NOTIZEN:
ZUGANGSDATEN:	NUTZERNAME	
	PASSWORT	
WEBSEITE:	NAME/ADRESSE	NOTIZEN:
ZUGANGSDATEN:	NUTZERNAME	
	PASSWORT	
WEBSEITE:	NAME/ADRESSE	NOTIZEN:
ZUGANGSDATEN:	NUTZERNAME	
	PASSWORT	
WEBSEITE:	NAME/ADRESSE	NOTIZEN:
ZUGANGSDATEN:	NUTZERNAME	
	PASSWORT	
WEBSEITE:	NAME/ADRESSE	NOTIZEN:
ZUGANGSDATEN:	NUTZERNAME	
	PASSWORT	
WEBSEITE:	NAME/ADRESSE	NOTIZEN:
ZUGANGSDATEN:	NUTZERNAME	
	PASSWORT	

Das individuelle Webseiten Verzeichnis

D-F

WEBSEITE:	NAME/ADRESSE	NOTIZEN:
ZUGANGSDATEN:	NUTZERNAME	
	PASSWORT	
WEBSEITE:	NAME/ADRESSE	NOTIZEN:
ZUGANGSDATEN:	NUTZERNAME	
	PASSWORT	
WEBSEITE:	NAME/ADRESSE	NOTIZEN:
ZUGANGSDATEN:	NUTZERNAME	
	PASSWORT	
WEBSEITE:	NAME/ADRESSE	NOTIZEN:
ZUGANGSDATEN:	NUTZERNAME	
	PASSWORT	
WEBSEITE:	NAME/ADRESSE	NOTIZEN:
ZUGANGSDATEN:	NUTZERNAME	
	PASSWORT	
WEBSEITE:	NAME/ADRESSE	NOTIZEN:
ZUGANGSDATEN:	NUTZERNAME	
	PASSWORT	
WEBSEITE:	NAME/ADRESSE	NOTIZEN:
ZUGANGSDATEN:	NUTZERNAME	
	PASSWORT	
WEBSEITE:	NAME/ADRESSE	NOTIZEN:
ZUGANGSDATEN:	NUTZERNAME	
	PASSWORT	

Webadressen, Zugangsdaten, Passwörtern und Notizen!

D-F

WEBSEITE:	NAME/ADRESSE	NOTIZEN:
ZUGANGSDATEN:	NUTZERNAME	
	PASSWORT	
WEBSEITE:	NAME/ADRESSE	NOTIZEN:
ZUGANGSDATEN:	NUTZERNAME	
	PASSWORT	
WEBSEITE:	NAME/ADRESSE	NOTIZEN:
ZUGANGSDATEN:	NUTZERNAME	
	PASSWORT	
WEBSEITE:	NAME/ADRESSE	NOTIZEN:
ZUGANGSDATEN:	NUTZERNAME	
	PASSWORT	
WEBSEITE:	NAME/ADRESSE	NOTIZEN:
ZUGANGSDATEN:	NUTZERNAME	
	PASSWORT	
WEBSEITE:	NAME/ADRESSE	NOTIZEN:
ZUGANGSDATEN:	NUTZERNAME	
	PASSWORT	
WEBSEITE:	NAME/ADRESSE	NOTIZEN:
ZUGANGSDATEN:	NUTZERNAME	
	PASSWORT	
WEBSEITE:	NAME/ADRESSE	NOTIZEN:
ZUGANGSDATEN:	NUTZERNAME	
	PASSWORT	

Das individuelle Webseiten Verzeichnis

D-F

WEBSEITE:	NAME/ADRESSE	NOTIZEN:
ZUGANGSDATEN:	NUTZERNAME	
	PASSWORT	
WEBSEITE:	NAME/ADRESSE	NOTIZEN:
ZUGANGSDATEN:	NUTZERNAME	
	PASSWORT	
WEBSEITE:	NAME/ADRESSE	NOTIZEN:
ZUGANGSDATEN:	NUTZERNAME	
	PASSWORT	
WEBSEITE:	NAME/ADRESSE	NOTIZEN:
ZUGANGSDATEN:	NUTZERNAME	
	PASSWORT	
WEBSEITE:	NAME/ADRESSE	NOTIZEN:
ZUGANGSDATEN:	NUTZERNAME	
	PASSWORT	
WEBSEITE:	NAME/ADRESSE	NOTIZEN:
ZUGANGSDATEN:	NUTZERNAME	
	PASSWORT	
WEBSEITE:	NAME/ADRESSE	NOTIZEN:
ZUGANGSDATEN:	NUTZERNAME	
	PASSWORT	
WEBSEITE:	NAME/ADRESSE	NOTIZEN:
ZUGANGSDATEN:	NUTZERNAME	
	PASSWORT	

Webadressen, Zugangsdaten, Passwörtern und Notizen!

D-F

WEBSEITE:	NAME/ADRESSE	NOTIZEN:
ZUGANGSDATEN:	NUTZERNAME	
	PASSWORT	
WEBSEITE:	NAME/ADRESSE	NOTIZEN:
ZUGANGSDATEN:	NUTZERNAME	
	PASSWORT	
WEBSEITE:	NAME/ADRESSE	NOTIZEN:
ZUGANGSDATEN:	NUTZERNAME	
	PASSWORT	
WEBSEITE:	NAME/ADRESSE	NOTIZEN:
ZUGANGSDATEN:	NUTZERNAME	
	PASSWORT	
WEBSEITE:	NAME/ADRESSE	NOTIZEN:
ZUGANGSDATEN:	NUTZERNAME	
	PASSWORT	
WEBSEITE:	NAME/ADRESSE	NOTIZEN:
ZUGANGSDATEN:	NUTZERNAME	
	PASSWORT	
WEBSEITE:	NAME/ADRESSE	NOTIZEN:
ZUGANGSDATEN:	NUTZERNAME	
	PASSWORT	
WEBSEITE:	NAME/ADRESSE	NOTIZEN:
ZUGANGSDATEN:	NUTZERNAME	
	PASSWORT	

Das individuelle Webseiten Verzeichnis

D-F

WEBSEITE:	NAME/ADRESSE	NOTIZEN:
ZUGANGSDATEN:	NUTZERNAME	
	PASSWORT	
WEBSEITE:	NAME/ADRESSE	NOTIZEN:
ZUGANGSDATEN:	NUTZERNAME	
	PASSWORT	
WEBSEITE:	NAME/ADRESSE	NOTIZEN:
ZUGANGSDATEN:	NUTZERNAME	
	PASSWORT	
WEBSEITE:	NAME/ADRESSE	NOTIZEN:
ZUGANGSDATEN:	NUTZERNAME	
	PASSWORT	
WEBSEITE:	NAME/ADRESSE	NOTIZEN:
ZUGANGSDATEN:	NUTZERNAME	
	PASSWORT	
WEBSEITE:	NAME/ADRESSE	NOTIZEN:
ZUGANGSDATEN:	NUTZERNAME	
	PASSWORT	
WEBSEITE:	NAME/ADRESSE	NOTIZEN:
ZUGANGSDATEN:	NUTZERNAME	
	PASSWORT	
WEBSEITE:	NAME/ADRESSE	NOTIZEN:
ZUGANGSDATEN:	NUTZERNAME	
	PASSWORT	

Webadressen, Zugangsdaten, Passwörtern und Notizen!

D-F

WEBSEITE:	NAME/ADRESSE	NOTIZEN:
ZUGANGSDATEN:	NUTZERNAME	
	PASSWORT	
WEBSEITE:	NAME/ADRESSE	NOTIZEN:
ZUGANGSDATEN:	NUTZERNAME	
	PASSWORT	
WEBSEITE:	NAME/ADRESSE	NOTIZEN:
ZUGANGSDATEN:	NUTZERNAME	
	PASSWORT	
WEBSEITE:	NAME/ADRESSE	NOTIZEN:
ZUGANGSDATEN:	NUTZERNAME	
	PASSWORT	
WEBSEITE:	NAME/ADRESSE	NOTIZEN:
ZUGANGSDATEN:	NUTZERNAME	
	PASSWORT	
WEBSEITE:	NAME/ADRESSE	NOTIZEN:
ZUGANGSDATEN:	NUTZERNAME	
	PASSWORT	
WEBSEITE:	NAME/ADRESSE	NOTIZEN:
ZUGANGSDATEN:	NUTZERNAME	
	PASSWORT	
WEBSEITE:	NAME/ADRESSE	NOTIZEN:
ZUGANGSDATEN:	NUTZERNAME	
	PASSWORT	

Das individuelle Webseiten Verzeichnis

G-H

WEBSEITE:	NAME/ADRESSE	NOTIZEN:
ZUGANGSDATEN:	NUTZERNAME	
	PASSWORT	
WEBSEITE:	NAME/ADRESSE	NOTIZEN:
ZUGANGSDATEN:	NUTZERNAME	
	PASSWORT	
WEBSEITE:	NAME/ADRESSE	NOTIZEN:
ZUGANGSDATEN:	NUTZERNAME	
	PASSWORT	
WEBSEITE:	NAME/ADRESSE	NOTIZEN:
ZUGANGSDATEN:	NUTZERNAME	
	PASSWORT	
WEBSEITE:	NAME/ADRESSE	NOTIZEN:
ZUGANGSDATEN:	NUTZERNAME	
	PASSWORT	
WEBSEITE:	NAME/ADRESSE	NOTIZEN:
ZUGANGSDATEN:	NUTZERNAME	
	PASSWORT	
WEBSEITE:	NAME/ADRESSE	NOTIZEN:
ZUGANGSDATEN:	NUTZERNAME	
	PASSWORT	
WEBSEITE:	NAME/ADRESSE	NOTIZEN:
ZUGANGSDATEN:	NUTZERNAME	
	PASSWORT	

Webadressen, Zugangsdaten, Passwörtern und Notizen!

G-H

WEBSEITE:	NAME/ADRESSE	NOTIZEN:
ZUGANGSDATEN:	NUTZERNAME	
	PASSWORT	
WEBSEITE:	NAME/ADRESSE	NOTIZEN:
ZUGANGSDATEN:	NUTZERNAME	
	PASSWORT	
WEBSEITE:	NAME/ADRESSE	NOTIZEN:
ZUGANGSDATEN:	NUTZERNAME	
	PASSWORT	
WEBSEITE:	NAME/ADRESSE	NOTIZEN:
ZUGANGSDATEN:	NUTZERNAME	
	PASSWORT	
WEBSEITE:	NAME/ADRESSE	NOTIZEN:
ZUGANGSDATEN:	NUTZERNAME	
	PASSWORT	
WEBSEITE:	NAME/ADRESSE	NOTIZEN:
ZUGANGSDATEN:	NUTZERNAME	
	PASSWORT	
WEBSEITE:	NAME/ADRESSE	NOTIZEN:
ZUGANGSDATEN:	NUTZERNAME	
	PASSWORT	
WEBSEITE:	NAME/ADRESSE	NOTIZEN:
ZUGANGSDATEN:	NUTZERNAME	
	PASSWORT	

Das individuelle Webseiten Verzeichnis

G-H

WEBSEITE:	NAME/ADRESSE	NOTIZEN:
ZUGANGSDATEN:	NUTZERNAME	
	PASSWORT	
WEBSEITE:	NAME/ADRESSE	NOTIZEN:
ZUGANGSDATEN:	NUTZERNAME	
	PASSWORT	
WEBSEITE:	NAME/ADRESSE	NOTIZEN:
ZUGANGSDATEN:	NUTZERNAME	
	PASSWORT	
WEBSEITE:	NAME/ADRESSE	NOTIZEN:
ZUGANGSDATEN:	NUTZERNAME	
	PASSWORT	
WEBSEITE:	NAME/ADRESSE	NOTIZEN:
ZUGANGSDATEN:	NUTZERNAME	
	PASSWORT	
WEBSEITE:	NAME/ADRESSE	NOTIZEN:
ZUGANGSDATEN:	NUTZERNAME	
	PASSWORT	
WEBSEITE:	NAME/ADRESSE	NOTIZEN:
ZUGANGSDATEN:	NUTZERNAME	
	PASSWORT	
WEBSEITE:	NAME/ADRESSE	NOTIZEN:
ZUGANGSDATEN:	NUTZERNAME	
	PASSWORT	

Webadressen, Zugangsdaten, Passwörtern und Notizen!

G-H

WEBSEITE:	NAME/ADRESSE	NOTIZEN:
ZUGANGSDATEN:	NUTZERNAME	
	PASSWORT	
WEBSEITE:	NAME/ADRESSE	NOTIZEN:
ZUGANGSDATEN:	NUTZERNAME	
	PASSWORT	
WEBSEITE:	NAME/ADRESSE	NOTIZEN:
ZUGANGSDATEN:	NUTZERNAME	
	PASSWORT	
WEBSEITE:	NAME/ADRESSE	NOTIZEN:
ZUGANGSDATEN:	NUTZERNAME	
	PASSWORT	
WEBSEITE:	NAME/ADRESSE	NOTIZEN:
ZUGANGSDATEN:	NUTZERNAME	
	PASSWORT	
WEBSEITE:	NAME/ADRESSE	NOTIZEN:
ZUGANGSDATEN:	NUTZERNAME	
	PASSWORT	
WEBSEITE:	NAME/ADRESSE	NOTIZEN:
ZUGANGSDATEN:	NUTZERNAME	
	PASSWORT	
WEBSEITE:	NAME/ADRESSE	NOTIZEN:
ZUGANGSDATEN:	NUTZERNAME	
	PASSWORT	

Das individuelle Webseiten Verzeichnis

G-H

WEBSEITE:	NAME/ADRESSE	NOTIZEN:
ZUGANGSDATEN:	NUTZERNAME	
	PASSWORT	
WEBSEITE:	NAME/ADRESSE	NOTIZEN:
ZUGANGSDATEN:	NUTZERNAME	
	PASSWORT	
WEBSEITE:	NAME/ADRESSE	NOTIZEN:
ZUGANGSDATEN:	NUTZERNAME	
	PASSWORT	
WEBSEITE:	NAME/ADRESSE	NOTIZEN:
ZUGANGSDATEN:	NUTZERNAME	
	PASSWORT	
WEBSEITE:	NAME/ADRESSE	NOTIZEN:
ZUGANGSDATEN:	NUTZERNAME	
	PASSWORT	
WEBSEITE:	NAME/ADRESSE	NOTIZEN:
ZUGANGSDATEN:	NUTZERNAME	
	PASSWORT	
WEBSEITE:	NAME/ADRESSE	NOTIZEN:
ZUGANGSDATEN:	NUTZERNAME	
	PASSWORT	
WEBSEITE:	NAME/ADRESSE	NOTIZEN:
ZUGANGSDATEN:	NUTZERNAME	
	PASSWORT	

Webadressen, Zugangsdaten, Passwörtern und Notizen!

G-H

WEBSEITE:	NAME/ADRESSE	NOTIZEN:
ZUGANGSDATEN:	NUTZERNAME	
	PASSWORT	
WEBSEITE:	NAME/ADRESSE	NOTIZEN:
ZUGANGSDATEN:	NUTZERNAME	
	PASSWORT	
WEBSEITE:	NAME/ADRESSE	NOTIZEN:
ZUGANGSDATEN:	NUTZERNAME	
	PASSWORT	
WEBSEITE:	NAME/ADRESSE	NOTIZEN:
ZUGANGSDATEN:	NUTZERNAME	
	PASSWORT	
WEBSEITE:	NAME/ADRESSE	NOTIZEN:
ZUGANGSDATEN:	NUTZERNAME	
	PASSWORT	
WEBSEITE:	NAME/ADRESSE	NOTIZEN:
ZUGANGSDATEN:	NUTZERNAME	
	PASSWORT	
WEBSEITE:	NAME/ADRESSE	NOTIZEN:
ZUGANGSDATEN:	NUTZERNAME	
	PASSWORT	
WEBSEITE:	NAME/ADRESSE	NOTIZEN:
ZUGANGSDATEN:	NUTZERNAME	
	PASSWORT	

Das individuelle Webseiten Verzeichnis

G-H

WEBSEITE:	NAME/ADRESSE	NOTIZEN:
ZUGANGSDATEN:	NUTZERNAME	
	PASSWORT	
WEBSEITE:	NAME/ADRESSE	NOTIZEN:
ZUGANGSDATEN:	NUTZERNAME	
	PASSWORT	
WEBSEITE:	NAME/ADRESSE	NOTIZEN:
ZUGANGSDATEN:	NUTZERNAME	
	PASSWORT	
WEBSEITE:	NAME/ADRESSE	NOTIZEN:
ZUGANGSDATEN:	NUTZERNAME	
	PASSWORT	
WEBSEITE:	NAME/ADRESSE	NOTIZEN:
ZUGANGSDATEN:	NUTZERNAME	
	PASSWORT	
WEBSEITE:	NAME/ADRESSE	NOTIZEN:
ZUGANGSDATEN:	NUTZERNAME	
	PASSWORT	
WEBSEITE:	NAME/ADRESSE	NOTIZEN:
ZUGANGSDATEN:	NUTZERNAME	
	PASSWORT	
WEBSEITE:	NAME/ADRESSE	NOTIZEN:
ZUGANGSDATEN:	NUTZERNAME	
	PASSWORT	

Webadressen, Zugangsdaten, Passwörtern und Notizen!

I-K

WEBSEITE:	NAME/ADRESSE	NOTIZEN:
ZUGANGSDATEN:	NUTZERNAME	
	PASSWORT	
WEBSEITE:	NAME/ADRESSE	NOTIZEN:
ZUGANGSDATEN:	NUTZERNAME	
	PASSWORT	
WEBSEITE:	NAME/ADRESSE	NOTIZEN:
ZUGANGSDATEN:	NUTZERNAME	
	PASSWORT	
WEBSEITE:	NAME/ADRESSE	NOTIZEN:
ZUGANGSDATEN:	NUTZERNAME	
	PASSWORT	
WEBSEITE:	NAME/ADRESSE	NOTIZEN:
ZUGANGSDATEN:	NUTZERNAME	
	PASSWORT	
WEBSEITE:	NAME/ADRESSE	NOTIZEN:
ZUGANGSDATEN:	NUTZERNAME	
	PASSWORT	
WEBSEITE:	NAME/ADRESSE	NOTIZEN:
ZUGANGSDATEN:	NUTZERNAME	
	PASSWORT	
WEBSEITE:	NAME/ADRESSE	NOTIZEN:
ZUGANGSDATEN:	NUTZERNAME	
	PASSWORT	

Das individuelle Webseiten Verzeichnis

I-K

WEBSEITE:	NAME/ADRESSE	NOTIZEN:
ZUGANGSDATEN:	NUTZERNAME	
	PASSWORT	

WEBSEITE:	NAME/ADRESSE	NOTIZEN:
ZUGANGSDATEN:	NUTZERNAME	
	PASSWORT	

WEBSEITE:	NAME/ADRESSE	NOTIZEN:
ZUGANGSDATEN:	NUTZERNAME	
	PASSWORT	

WEBSEITE:	NAME/ADRESSE	NOTIZEN:
ZUGANGSDATEN:	NUTZERNAME	
	PASSWORT	

WEBSEITE:	NAME/ADRESSE	NOTIZEN:
ZUGANGSDATEN:	NUTZERNAME	
	PASSWORT	

WEBSEITE:	NAME/ADRESSE	NOTIZEN:
ZUGANGSDATEN:	NUTZERNAME	
	PASSWORT	

WEBSEITE:	NAME/ADRESSE	NOTIZEN:
ZUGANGSDATEN:	NUTZERNAME	
	PASSWORT	

WEBSEITE:	NAME/ADRESSE	NOTIZEN:
ZUGANGSDATEN:	NUTZERNAME	
	PASSWORT	

Webadressen, Zugangsdaten, Passwörtern und Notizen!

I-K

WEBSEITE:	NAME/ADRESSE	NOTIZEN:
ZUGANGSDATEN:	NUTZERNAME	
	PASSWORT	
WEBSEITE:	NAME/ADRESSE	NOTIZEN:
ZUGANGSDATEN:	NUTZERNAME	
	PASSWORT	
WEBSEITE:	NAME/ADRESSE	NOTIZEN:
ZUGANGSDATEN:	NUTZERNAME	
	PASSWORT	
WEBSEITE:	NAME/ADRESSE	NOTIZEN:
ZUGANGSDATEN:	NUTZERNAME	
	PASSWORT	
WEBSEITE:	NAME/ADRESSE	NOTIZEN:
ZUGANGSDATEN:	NUTZERNAME	
	PASSWORT	
WEBSEITE:	NAME/ADRESSE	NOTIZEN:
ZUGANGSDATEN:	NUTZERNAME	
	PASSWORT	
WEBSEITE:	NAME/ADRESSE	NOTIZEN:
ZUGANGSDATEN:	NUTZERNAME	
	PASSWORT	
WEBSEITE:	NAME/ADRESSE	NOTIZEN:
ZUGANGSDATEN:	NUTZERNAME	
	PASSWORT	

Das individuelle Webseiten Verzeichnis

I-K

WEBSEITE:	NAME/ADRESSE	NOTIZEN:
ZUGANGSDATEN:	NUTZERNAME	
	PASSWORT	

WEBSEITE:	NAME/ADRESSE	NOTIZEN:
ZUGANGSDATEN:	NUTZERNAME	
	PASSWORT	

WEBSEITE:	NAME/ADRESSE	NOTIZEN:
ZUGANGSDATEN:	NUTZERNAME	
	PASSWORT	

WEBSEITE:	NAME/ADRESSE	NOTIZEN:
ZUGANGSDATEN:	NUTZERNAME	
	PASSWORT	

WEBSEITE:	NAME/ADRESSE	NOTIZEN:
ZUGANGSDATEN:	NUTZERNAME	
	PASSWORT	

WEBSEITE:	NAME/ADRESSE	NOTIZEN:
ZUGANGSDATEN:	NUTZERNAME	
	PASSWORT	

WEBSEITE:	NAME/ADRESSE	NOTIZEN:
ZUGANGSDATEN:	NUTZERNAME	
	PASSWORT	

WEBSEITE:	NAME/ADRESSE	NOTIZEN:
ZUGANGSDATEN:	NUTZERNAME	
	PASSWORT	

Webadressen, Zugangsdaten, Passwörtern und Notizen!

I-K

WEBSEITE:	NAME/ADRESSE	NOTIZEN:
ZUGANGSDATEN:	NUTZERNAME	
	PASSWORT	
WEBSEITE:	NAME/ADRESSE	NOTIZEN:
ZUGANGSDATEN:	NUTZERNAME	
	PASSWORT	
WEBSEITE:	NAME/ADRESSE	NOTIZEN:
ZUGANGSDATEN:	NUTZERNAME	
	PASSWORT	
WEBSEITE:	NAME/ADRESSE	NOTIZEN:
ZUGANGSDATEN:	NUTZERNAME	
	PASSWORT	
WEBSEITE:	NAME/ADRESSE	NOTIZEN:
ZUGANGSDATEN:	NUTZERNAME	
	PASSWORT	
WEBSEITE:	NAME/ADRESSE	NOTIZEN:
ZUGANGSDATEN:	NUTZERNAME	
	PASSWORT	
WEBSEITE:	NAME/ADRESSE	NOTIZEN:
ZUGANGSDATEN:	NUTZERNAME	
	PASSWORT	
WEBSEITE:	NAME/ADRESSE	NOTIZEN:
ZUGANGSDATEN:	NUTZERNAME	
	PASSWORT	

Das individuelle Webseiten Verzeichnis

I-K

WEBSEITE:	NAME/ADRESSE	NOTIZEN:
ZUGANGSDATEN:	NUTZERNAME	
	PASSWORT	

WEBSEITE:	NAME/ADRESSE	NOTIZEN:
ZUGANGSDATEN:	NUTZERNAME	
	PASSWORT	

WEBSEITE:	NAME/ADRESSE	NOTIZEN:
ZUGANGSDATEN:	NUTZERNAME	
	PASSWORT	

WEBSEITE:	NAME/ADRESSE	NOTIZEN:
ZUGANGSDATEN:	NUTZERNAME	
	PASSWORT	

WEBSEITE:	NAME/ADRESSE	NOTIZEN:
ZUGANGSDATEN:	NUTZERNAME	
	PASSWORT	

WEBSEITE:	NAME/ADRESSE	NOTIZEN:
ZUGANGSDATEN:	NUTZERNAME	
	PASSWORT	

WEBSEITE:	NAME/ADRESSE	NOTIZEN:
ZUGANGSDATEN:	NUTZERNAME	
	PASSWORT	

WEBSEITE:	NAME/ADRESSE	NOTIZEN:
ZUGANGSDATEN:	NUTZERNAME	
	PASSWORT	

Webadressen, Zugangsdaten, Passwörtern und Notizen!

I-K

WEBSEITE:	NAME/ADRESSE	NOTIZEN:
ZUGANGSDATEN:	NUTZERNAME	
	PASSWORT	
WEBSEITE:	NAME/ADRESSE	NOTIZEN:
ZUGANGSDATEN:	NUTZERNAME	
	PASSWORT	
WEBSEITE:	NAME/ADRESSE	NOTIZEN:
ZUGANGSDATEN:	NUTZERNAME	
	PASSWORT	
WEBSEITE:	NAME/ADRESSE	NOTIZEN:
ZUGANGSDATEN:	NUTZERNAME	
	PASSWORT	
WEBSEITE:	NAME/ADRESSE	NOTIZEN:
ZUGANGSDATEN:	NUTZERNAME	
	PASSWORT	
WEBSEITE:	NAME/ADRESSE	NOTIZEN:
ZUGANGSDATEN:	NUTZERNAME	
	PASSWORT	
WEBSEITE:	NAME/ADRESSE	NOTIZEN:
ZUGANGSDATEN:	NUTZERNAME	
	PASSWORT	
WEBSEITE:	NAME/ADRESSE	NOTIZEN:
ZUGANGSDATEN:	NUTZERNAME	
	PASSWORT	

Das individuelle Webseiten Verzeichnis

L-N

WEBSEITE:	NAME/ADRESSE	NOTIZEN:
ZUGANGSDATEN:	NUTZERNAME	
	PASSWORT	
WEBSEITE:	NAME/ADRESSE	NOTIZEN:
ZUGANGSDATEN:	NUTZERNAME	
	PASSWORT	
WEBSEITE:	NAME/ADRESSE	NOTIZEN:
ZUGANGSDATEN:	NUTZERNAME	
	PASSWORT	
WEBSEITE:	NAME/ADRESSE	NOTIZEN:
ZUGANGSDATEN:	NUTZERNAME	
	PASSWORT	
WEBSEITE:	NAME/ADRESSE	NOTIZEN:
ZUGANGSDATEN:	NUTZERNAME	
	PASSWORT	
WEBSEITE:	NAME/ADRESSE	NOTIZEN:
ZUGANGSDATEN:	NUTZERNAME	
	PASSWORT	
WEBSEITE:	NAME/ADRESSE	NOTIZEN:
ZUGANGSDATEN:	NUTZERNAME	
	PASSWORT	
WEBSEITE:	NAME/ADRESSE	NOTIZEN:
ZUGANGSDATEN:	NUTZERNAME	
	PASSWORT	

Webadressen, Zugangsdaten, Passwörtern und Notizen!

L-N

WEBSEITE:	NAME/ADRESSE	NOTIZEN:
ZUGANGSDATEN:	NUTZERNAME	
	PASSWORT	
WEBSEITE:	NAME/ADRESSE	NOTIZEN:
ZUGANGSDATEN:	NUTZERNAME	
	PASSWORT	
WEBSEITE:	NAME/ADRESSE	NOTIZEN:
ZUGANGSDATEN:	NUTZERNAME	
	PASSWORT	
WEBSEITE:	NAME/ADRESSE	NOTIZEN:
ZUGANGSDATEN:	NUTZERNAME	
	PASSWORT	
WEBSEITE:	NAME/ADRESSE	NOTIZEN:
ZUGANGSDATEN:	NUTZERNAME	
	PASSWORT	
WEBSEITE:	NAME/ADRESSE	NOTIZEN:
ZUGANGSDATEN:	NUTZERNAME	
	PASSWORT	
WEBSEITE:	NAME/ADRESSE	NOTIZEN:
ZUGANGSDATEN:	NUTZERNAME	
	PASSWORT	
WEBSEITE:	NAME/ADRESSE	NOTIZEN:
ZUGANGSDATEN:	NUTZERNAME	
	PASSWORT	

Das individuelle Webseiten Verzeichnis

L-N

WEBSEITE:	NAME/ADRESSE	NOTIZEN:
ZUGANGSDATEN:	NUTZERNAME	
	PASSWORT	
WEBSEITE:	NAME/ADRESSE	NOTIZEN:
ZUGANGSDATEN:	NUTZERNAME	
	PASSWORT	
WEBSEITE:	NAME/ADRESSE	NOTIZEN:
ZUGANGSDATEN:	NUTZERNAME	
	PASSWORT	
WEBSEITE:	NAME/ADRESSE	NOTIZEN:
ZUGANGSDATEN:	NUTZERNAME	
	PASSWORT	
WEBSEITE:	NAME/ADRESSE	NOTIZEN:
ZUGANGSDATEN:	NUTZERNAME	
	PASSWORT	
WEBSEITE:	NAME/ADRESSE	NOTIZEN:
ZUGANGSDATEN:	NUTZERNAME	
	PASSWORT	
WEBSEITE:	NAME/ADRESSE	NOTIZEN:
ZUGANGSDATEN:	NUTZERNAME	
	PASSWORT	
WEBSEITE:	NAME/ADRESSE	NOTIZEN:
ZUGANGSDATEN:	NUTZERNAME	
	PASSWORT	

Webadressen, Zugangsdaten, Passwörtern und Notizen!

L-N

WEBSEITE:	NAME/ADRESSE	NOTIZEN:
ZUGANGSDATEN:	NUTZERNAME	
	PASSWORT	
WEBSEITE:	NAME/ADRESSE	NOTIZEN:
ZUGANGSDATEN:	NUTZERNAME	
	PASSWORT	
WEBSEITE:	NAME/ADRESSE	NOTIZEN:
ZUGANGSDATEN:	NUTZERNAME	
	PASSWORT	
WEBSEITE:	NAME/ADRESSE	NOTIZEN:
ZUGANGSDATEN:	NUTZERNAME	
	PASSWORT	
WEBSEITE:	NAME/ADRESSE	NOTIZEN:
ZUGANGSDATEN:	NUTZERNAME	
	PASSWORT	
WEBSEITE:	NAME/ADRESSE	NOTIZEN:
ZUGANGSDATEN:	NUTZERNAME	
	PASSWORT	
WEBSEITE:	NAME/ADRESSE	NOTIZEN:
ZUGANGSDATEN:	NUTZERNAME	
	PASSWORT	
WEBSEITE:	NAME/ADRESSE	NOTIZEN:
ZUGANGSDATEN:	NUTZERNAME	
	PASSWORT	

Das individuelle Webseiten Verzeichnis

L-N

WEBSEITE:	NAME/ADRESSE	NOTIZEN:
ZUGANGSDATEN:	NUTZERNAME	
	PASSWORT	
WEBSEITE:	NAME/ADRESSE	NOTIZEN:
ZUGANGSDATEN:	NUTZERNAME	
	PASSWORT	
WEBSEITE:	NAME/ADRESSE	NOTIZEN:
ZUGANGSDATEN:	NUTZERNAME	
	PASSWORT	
WEBSEITE:	NAME/ADRESSE	NOTIZEN:
ZUGANGSDATEN:	NUTZERNAME	
	PASSWORT	
WEBSEITE:	NAME/ADRESSE	NOTIZEN:
ZUGANGSDATEN:	NUTZERNAME	
	PASSWORT	
WEBSEITE:	NAME/ADRESSE	NOTIZEN:
ZUGANGSDATEN:	NUTZERNAME	
	PASSWORT	
WEBSEITE:	NAME/ADRESSE	NOTIZEN:
ZUGANGSDATEN:	NUTZERNAME	
	PASSWORT	
WEBSEITE:	NAME/ADRESSE	NOTIZEN:
ZUGANGSDATEN:	NUTZERNAME	
	PASSWORT	

Webadressen, Zugangsdaten, Passwörtern und Notizen!

L-N

WEBSEITE:	NAME/ADRESSE	NOTIZEN:
ZUGANGSDATEN:	NUTZERNAME	
	PASSWORT	
WEBSEITE:	NAME/ADRESSE	NOTIZEN:
ZUGANGSDATEN:	NUTZERNAME	
	PASSWORT	
WEBSEITE:	NAME/ADRESSE	NOTIZEN:
ZUGANGSDATEN:	NUTZERNAME	
	PASSWORT	
WEBSEITE:	NAME/ADRESSE	NOTIZEN:
ZUGANGSDATEN:	NUTZERNAME	
	PASSWORT	
WEBSEITE:	NAME/ADRESSE	NOTIZEN:
ZUGANGSDATEN:	NUTZERNAME	
	PASSWORT	
WEBSEITE:	NAME/ADRESSE	NOTIZEN:
ZUGANGSDATEN:	NUTZERNAME	
	PASSWORT	
WEBSEITE:	NAME/ADRESSE	NOTIZEN:
ZUGANGSDATEN:	NUTZERNAME	
	PASSWORT	
WEBSEITE:	NAME/ADRESSE	NOTIZEN:
ZUGANGSDATEN:	NUTZERNAME	
	PASSWORT	

Das individuelle Webseiten Verzeichnis

L-N

WEBSEITE:	NAME/ADRESSE	NOTIZEN:
ZUGANGSDATEN:	NUTZERNAME	
	PASSWORT	
WEBSEITE:	NAME/ADRESSE	NOTIZEN:
ZUGANGSDATEN:	NUTZERNAME	
	PASSWORT	
WEBSEITE:	NAME/ADRESSE	NOTIZEN:
ZUGANGSDATEN:	NUTZERNAME	
	PASSWORT	
WEBSEITE:	NAME/ADRESSE	NOTIZEN:
ZUGANGSDATEN:	NUTZERNAME	
	PASSWORT	
WEBSEITE:	NAME/ADRESSE	NOTIZEN:
ZUGANGSDATEN:	NUTZERNAME	
	PASSWORT	
WEBSEITE:	NAME/ADRESSE	NOTIZEN:
ZUGANGSDATEN:	NUTZERNAME	
	PASSWORT	
WEBSEITE:	NAME/ADRESSE	NOTIZEN:
ZUGANGSDATEN:	NUTZERNAME	
	PASSWORT	
WEBSEITE:	NAME/ADRESSE	NOTIZEN:
ZUGANGSDATEN:	NUTZERNAME	
	PASSWORT	

Webadressen, Zugangsdaten, Passwörtern und Notizen!

O-R

WEBSEITE:	NAME/ADRESSE	NOTIZEN:
ZUGANGSDATEN:	NUTZERNAME	
	PASSWORT	
WEBSEITE:	NAME/ADRESSE	NOTIZEN:
ZUGANGSDATEN:	NUTZERNAME	
	PASSWORT	
WEBSEITE:	NAME/ADRESSE	NOTIZEN:
ZUGANGSDATEN:	NUTZERNAME	
	PASSWORT	
WEBSEITE:	NAME/ADRESSE	NOTIZEN:
ZUGANGSDATEN:	NUTZERNAME	
	PASSWORT	
WEBSEITE:	NAME/ADRESSE	NOTIZEN:
ZUGANGSDATEN:	NUTZERNAME	
	PASSWORT	
WEBSEITE:	NAME/ADRESSE	NOTIZEN:
ZUGANGSDATEN:	NUTZERNAME	
	PASSWORT	
WEBSEITE:	NAME/ADRESSE	NOTIZEN:
ZUGANGSDATEN:	NUTZERNAME	
	PASSWORT	
WEBSEITE:	NAME/ADRESSE	NOTIZEN:
ZUGANGSDATEN:	NUTZERNAME	
	PASSWORT	

Das individuelle Webseiten Verzeichnis

O-R

WEBSEITE:	NAME/ADRESSE	NOTIZEN:
ZUGANGSDATEN:	NUTZERNAME	
	PASSWORT	
WEBSEITE:	NAME/ADRESSE	NOTIZEN:
ZUGANGSDATEN:	NUTZERNAME	
	PASSWORT	
WEBSEITE:	NAME/ADRESSE	NOTIZEN:
ZUGANGSDATEN:	NUTZERNAME	
	PASSWORT	
WEBSEITE:	NAME/ADRESSE	NOTIZEN:
ZUGANGSDATEN:	NUTZERNAME	
	PASSWORT	
WEBSEITE:	NAME/ADRESSE	NOTIZEN:
ZUGANGSDATEN:	NUTZERNAME	
	PASSWORT	
WEBSEITE:	NAME/ADRESSE	NOTIZEN:
ZUGANGSDATEN:	NUTZERNAME	
	PASSWORT	
WEBSEITE:	NAME/ADRESSE	NOTIZEN:
ZUGANGSDATEN:	NUTZERNAME	
	PASSWORT	
WEBSEITE:	NAME/ADRESSE	NOTIZEN:
ZUGANGSDATEN:	NUTZERNAME	
	PASSWORT	

Webadressen, Zugangsdaten, Passwörtern und Notizen!

O-R

WEBSEITE:	NAME/ADRESSE	NOTIZEN:
ZUGANGSDATEN:	NUTZERNAME	
	PASSWORT	
WEBSEITE:	NAME/ADRESSE	NOTIZEN:
ZUGANGSDATEN:	NUTZERNAME	
	PASSWORT	
WEBSEITE:	NAME/ADRESSE	NOTIZEN:
ZUGANGSDATEN:	NUTZERNAME	
	PASSWORT	
WEBSEITE:	NAME/ADRESSE	NOTIZEN:
ZUGANGSDATEN:	NUTZERNAME	
	PASSWORT	
WEBSEITE:	NAME/ADRESSE	NOTIZEN:
ZUGANGSDATEN:	NUTZERNAME	
	PASSWORT	
WEBSEITE:	NAME/ADRESSE	NOTIZEN:
ZUGANGSDATEN:	NUTZERNAME	
	PASSWORT	
WEBSEITE:	NAME/ADRESSE	NOTIZEN:
ZUGANGSDATEN:	NUTZERNAME	
	PASSWORT	
WEBSEITE:	NAME/ADRESSE	NOTIZEN:
ZUGANGSDATEN:	NUTZERNAME	
	PASSWORT	

Das individuelle Webseiten Verzeichnis

O-R

WEBSEITE:	NAME/ADRESSE	NOTIZEN:
ZUGANGSDATEN:	NUTZERNAME	
	PASSWORT	
WEBSEITE:	NAME/ADRESSE	NOTIZEN:
ZUGANGSDATEN:	NUTZERNAME	
	PASSWORT	
WEBSEITE:	NAME/ADRESSE	NOTIZEN:
ZUGANGSDATEN:	NUTZERNAME	
	PASSWORT	
WEBSEITE:	NAME/ADRESSE	NOTIZEN:
ZUGANGSDATEN:	NUTZERNAME	
	PASSWORT	
WEBSEITE:	NAME/ADRESSE	NOTIZEN:
ZUGANGSDATEN:	NUTZERNAME	
	PASSWORT	
WEBSEITE:	NAME/ADRESSE	NOTIZEN:
ZUGANGSDATEN:	NUTZERNAME	
	PASSWORT	
WEBSEITE:	NAME/ADRESSE	NOTIZEN:
ZUGANGSDATEN:	NUTZERNAME	
	PASSWORT	
WEBSEITE:	NAME/ADRESSE	NOTIZEN:
ZUGANGSDATEN:	NUTZERNAME	
	PASSWORT	

Webadressen, Zugangsdaten, Passwörtern und Notizen!

O-R

WEBSEITE:	NAME/ADRESSE	NOTIZEN:
ZUGANGSDATEN:	NUTZERNAME	
	PASSWORT	

WEBSEITE:	NAME/ADRESSE	NOTIZEN:
ZUGANGSDATEN:	NUTZERNAME	
	PASSWORT	

WEBSEITE:	NAME/ADRESSE	NOTIZEN:
ZUGANGSDATEN:	NUTZERNAME	
	PASSWORT	

WEBSEITE:	NAME/ADRESSE	NOTIZEN:
ZUGANGSDATEN:	NUTZERNAME	
	PASSWORT	

WEBSEITE:	NAME/ADRESSE	NOTIZEN:
ZUGANGSDATEN:	NUTZERNAME	
	PASSWORT	

WEBSEITE:	NAME/ADRESSE	NOTIZEN:
ZUGANGSDATEN:	NUTZERNAME	
	PASSWORT	

WEBSEITE:	NAME/ADRESSE	NOTIZEN:
ZUGANGSDATEN:	NUTZERNAME	
	PASSWORT	

WEBSEITE:	NAME/ADRESSE	NOTIZEN:
ZUGANGSDATEN:	NUTZERNAME	
	PASSWORT	

Das individuelle Webseiten Verzeichnis

O-R

WEBSEITE:	NAME/ADRESSE	NOTIZEN:
ZUGANGSDATEN:	NUTZERNAME	
	PASSWORT	

WEBSEITE:	NAME/ADRESSE	NOTIZEN:
ZUGANGSDATEN:	NUTZERNAME	
	PASSWORT	

WEBSEITE:	NAME/ADRESSE	NOTIZEN:
ZUGANGSDATEN:	NUTZERNAME	
	PASSWORT	

WEBSEITE:	NAME/ADRESSE	NOTIZEN:
ZUGANGSDATEN:	NUTZERNAME	
	PASSWORT	

WEBSEITE:	NAME/ADRESSE	NOTIZEN:
ZUGANGSDATEN:	NUTZERNAME	
	PASSWORT	

WEBSEITE:	NAME/ADRESSE	NOTIZEN:
ZUGANGSDATEN:	NUTZERNAME	
	PASSWORT	

WEBSEITE:	NAME/ADRESSE	NOTIZEN:
ZUGANGSDATEN:	NUTZERNAME	
	PASSWORT	

WEBSEITE:	NAME/ADRESSE	NOTIZEN:
ZUGANGSDATEN:	NUTZERNAME	
	PASSWORT	

Webadressen, Zugangsdaten, Passwörtern und Notizen!

O-R

WEBSEITE:	NAME/ADRESSE	NOTIZEN:
ZUGANGSDATEN:	NUTZERNAME	
	PASSWORT	
WEBSEITE:	NAME/ADRESSE	NOTIZEN:
ZUGANGSDATEN:	NUTZERNAME	
	PASSWORT	
WEBSEITE:	NAME/ADRESSE	NOTIZEN:
ZUGANGSDATEN:	NUTZERNAME	
	PASSWORT	
WEBSEITE:	NAME/ADRESSE	NOTIZEN:
ZUGANGSDATEN:	NUTZERNAME	
	PASSWORT	
WEBSEITE:	NAME/ADRESSE	NOTIZEN:
ZUGANGSDATEN:	NUTZERNAME	
	PASSWORT	
WEBSEITE:	NAME/ADRESSE	NOTIZEN:
ZUGANGSDATEN:	NUTZERNAME	
	PASSWORT	
WEBSEITE:	NAME/ADRESSE	NOTIZEN:
ZUGANGSDATEN:	NUTZERNAME	
	PASSWORT	
WEBSEITE:	NAME/ADRESSE	NOTIZEN:
ZUGANGSDATEN:	NUTZERNAME	
	PASSWORT	

Das individuelle Webseiten Verzeichnis

O-R

WEBSEITE:	NAME/ADRESSE	NOTIZEN:
ZUGANGSDATEN:	NUTZERNAME	
	PASSWORT	
WEBSEITE:	NAME/ADRESSE	NOTIZEN:
ZUGANGSDATEN:	NUTZERNAME	
	PASSWORT	
WEBSEITE:	NAME/ADRESSE	NOTIZEN:
ZUGANGSDATEN:	NUTZERNAME	
	PASSWORT	
WEBSEITE:	NAME/ADRESSE	NOTIZEN:
ZUGANGSDATEN:	NUTZERNAME	
	PASSWORT	
WEBSEITE:	NAME/ADRESSE	NOTIZEN:
ZUGANGSDATEN:	NUTZERNAME	
	PASSWORT	
WEBSEITE:	NAME/ADRESSE	NOTIZEN:
ZUGANGSDATEN:	NUTZERNAME	
	PASSWORT	
WEBSEITE:	NAME/ADRESSE	NOTIZEN:
ZUGANGSDATEN:	NUTZERNAME	
	PASSWORT	
WEBSEITE:	NAME/ADRESSE	NOTIZEN:
ZUGANGSDATEN:	NUTZERNAME	
	PASSWORT	

Webadressen, Zugangsdaten, Passwörtern und Notizen!

S-T

WEBSEITE:	NAME/ADRESSE	NOTIZEN:
ZUGANGSDATEN:	NUTZERNAME	
	PASSWORT	
WEBSEITE:	NAME/ADRESSE	NOTIZEN:
ZUGANGSDATEN:	NUTZERNAME	
	PASSWORT	
WEBSEITE:	NAME/ADRESSE	NOTIZEN:
ZUGANGSDATEN:	NUTZERNAME	
	PASSWORT	
WEBSEITE:	NAME/ADRESSE	NOTIZEN:
ZUGANGSDATEN:	NUTZERNAME	
	PASSWORT	
WEBSEITE:	NAME/ADRESSE	NOTIZEN:
ZUGANGSDATEN:	NUTZERNAME	
	PASSWORT	
WEBSEITE:	NAME/ADRESSE	NOTIZEN:
ZUGANGSDATEN:	NUTZERNAME	
	PASSWORT	
WEBSEITE:	NAME/ADRESSE	NOTIZEN:
ZUGANGSDATEN:	NUTZERNAME	
	PASSWORT	
WEBSEITE:	NAME/ADRESSE	NOTIZEN:
ZUGANGSDATEN:	NUTZERNAME	
	PASSWORT	

Das individuelle Webseiten Verzeichnis

S-T

WEBSEITE:	NAME/ADRESSE	NOTIZEN:
ZUGANGSDATEN:	NUTZERNAME	
	PASSWORT	
WEBSEITE:	NAME/ADRESSE	NOTIZEN:
ZUGANGSDATEN:	NUTZERNAME	
	PASSWORT	
WEBSEITE:	NAME/ADRESSE	NOTIZEN:
ZUGANGSDATEN:	NUTZERNAME	
	PASSWORT	
WEBSEITE:	NAME/ADRESSE	NOTIZEN:
ZUGANGSDATEN:	NUTZERNAME	
	PASSWORT	
WEBSEITE:	NAME/ADRESSE	NOTIZEN:
ZUGANGSDATEN:	NUTZERNAME	
	PASSWORT	
WEBSEITE:	NAME/ADRESSE	NOTIZEN:
ZUGANGSDATEN:	NUTZERNAME	
	PASSWORT	
WEBSEITE:	NAME/ADRESSE	NOTIZEN:
ZUGANGSDATEN:	NUTZERNAME	
	PASSWORT	
WEBSEITE:	NAME/ADRESSE	NOTIZEN:
ZUGANGSDATEN:	NUTZERNAME	
	PASSWORT	

Webadressen, Zugangsdaten, Passwörtern und Notizen!

S-T

WEBSEITE:	NAME/ADRESSE	NOTIZEN:
ZUGANGSDATEN:	NUTZERNAME	
	PASSWORT	
WEBSEITE:	NAME/ADRESSE	NOTIZEN:
ZUGANGSDATEN:	NUTZERNAME	
	PASSWORT	
WEBSEITE:	NAME/ADRESSE	NOTIZEN:
ZUGANGSDATEN:	NUTZERNAME	
	PASSWORT	
WEBSEITE:	NAME/ADRESSE	NOTIZEN:
ZUGANGSDATEN:	NUTZERNAME	
	PASSWORT	
WEBSEITE:	NAME/ADRESSE	NOTIZEN:
ZUGANGSDATEN:	NUTZERNAME	
	PASSWORT	
WEBSEITE:	NAME/ADRESSE	NOTIZEN:
ZUGANGSDATEN:	NUTZERNAME	
	PASSWORT	
WEBSEITE:	NAME/ADRESSE	NOTIZEN:
ZUGANGSDATEN:	NUTZERNAME	
	PASSWORT	
WEBSEITE:	NAME/ADRESSE	NOTIZEN:
ZUGANGSDATEN:	NUTZERNAME	
	PASSWORT	

Das individuelle Webseiten Verzeichnis

S-T

WEBSEITE:	NAME/ADRESSE	NOTIZEN:
ZUGANGSDATEN:	NUTZERNAME	
	PASSWORT	
WEBSEITE:	NAME/ADRESSE	NOTIZEN:
ZUGANGSDATEN:	NUTZERNAME	
	PASSWORT	
WEBSEITE:	NAME/ADRESSE	NOTIZEN:
ZUGANGSDATEN:	NUTZERNAME	
	PASSWORT	
WEBSEITE:	NAME/ADRESSE	NOTIZEN:
ZUGANGSDATEN:	NUTZERNAME	
	PASSWORT	
WEBSEITE:	NAME/ADRESSE	NOTIZEN:
ZUGANGSDATEN:	NUTZERNAME	
	PASSWORT	
WEBSEITE:	NAME/ADRESSE	NOTIZEN:
ZUGANGSDATEN:	NUTZERNAME	
	PASSWORT	
WEBSEITE:	NAME/ADRESSE	NOTIZEN:
ZUGANGSDATEN:	NUTZERNAME	
	PASSWORT	
WEBSEITE:	NAME/ADRESSE	NOTIZEN:
ZUGANGSDATEN:	NUTZERNAME	
	PASSWORT	

Webadressen, Zugangsdaten, Passwörtern und Notizen!

S-T

WEBSEITE:	NAME/ADRESSE	NOTIZEN:
ZUGANGSDATEN:	NUTZERNAME	
	PASSWORT	
WEBSEITE:	NAME/ADRESSE	NOTIZEN:
ZUGANGSDATEN:	NUTZERNAME	
	PASSWORT	
WEBSEITE:	NAME/ADRESSE	NOTIZEN:
ZUGANGSDATEN:	NUTZERNAME	
	PASSWORT	
WEBSEITE:	NAME/ADRESSE	NOTIZEN:
ZUGANGSDATEN:	NUTZERNAME	
	PASSWORT	
WEBSEITE:	NAME/ADRESSE	NOTIZEN:
ZUGANGSDATEN:	NUTZERNAME	
	PASSWORT	
WEBSEITE:	NAME/ADRESSE	NOTIZEN:
ZUGANGSDATEN:	NUTZERNAME	
	PASSWORT	
WEBSEITE:	NAME/ADRESSE	NOTIZEN:
ZUGANGSDATEN:	NUTZERNAME	
	PASSWORT	
WEBSEITE:	NAME/ADRESSE	NOTIZEN:
ZUGANGSDATEN:	NUTZERNAME	
	PASSWORT	

Das individuelle Webseiten Verzeichnis

S-T

WEBSEITE:	NAME/ADRESSE	NOTIZEN:
ZUGANGSDATEN:	NUTZERNAME	
	PASSWORT	
WEBSEITE:	NAME/ADRESSE	NOTIZEN:
ZUGANGSDATEN:	NUTZERNAME	
	PASSWORT	
WEBSEITE:	NAME/ADRESSE	NOTIZEN:
ZUGANGSDATEN:	NUTZERNAME	
	PASSWORT	
WEBSEITE:	NAME/ADRESSE	NOTIZEN:
ZUGANGSDATEN:	NUTZERNAME	
	PASSWORT	
WEBSEITE:	NAME/ADRESSE	NOTIZEN:
ZUGANGSDATEN:	NUTZERNAME	
	PASSWORT	
WEBSEITE:	NAME/ADRESSE	NOTIZEN:
ZUGANGSDATEN:	NUTZERNAME	
	PASSWORT	
WEBSEITE:	NAME/ADRESSE	NOTIZEN:
ZUGANGSDATEN:	NUTZERNAME	
	PASSWORT	
WEBSEITE:	NAME/ADRESSE	NOTIZEN:
ZUGANGSDATEN:	NUTZERNAME	
	PASSWORT	

Webadressen, Zugangsdaten, Passwörtern und Notizen!

S-T

WEBSEITE:	NAME/ADRESSE	NOTIZEN:
ZUGANGSDATEN:	NUTZERNAME	
	PASSWORT	
WEBSEITE:	NAME/ADRESSE	NOTIZEN:
ZUGANGSDATEN:	NUTZERNAME	
	PASSWORT	
WEBSEITE:	NAME/ADRESSE	NOTIZEN:
ZUGANGSDATEN:	NUTZERNAME	
	PASSWORT	
WEBSEITE:	NAME/ADRESSE	NOTIZEN:
ZUGANGSDATEN:	NUTZERNAME	
	PASSWORT	
WEBSEITE:	NAME/ADRESSE	NOTIZEN:
ZUGANGSDATEN:	NUTZERNAME	
	PASSWORT	
WEBSEITE:	NAME/ADRESSE	NOTIZEN:
ZUGANGSDATEN:	NUTZERNAME	
	PASSWORT	
WEBSEITE:	NAME/ADRESSE	NOTIZEN:
ZUGANGSDATEN:	NUTZERNAME	
	PASSWORT	
WEBSEITE:	NAME/ADRESSE	NOTIZEN:
ZUGANGSDATEN:	NUTZERNAME	
	PASSWORT	

U-V

WEBSEITE:	NAME/ADRESSE	NOTIZEN:
ZUGANGSDATEN:	NUTZERNAME	
	PASSWORT	
WEBSEITE:	NAME/ADRESSE	NOTIZEN:
ZUGANGSDATEN:	NUTZERNAME	
	PASSWORT	
WEBSEITE:	NAME/ADRESSE	NOTIZEN:
ZUGANGSDATEN:	NUTZERNAME	
	PASSWORT	
WEBSEITE:	NAME/ADRESSE	NOTIZEN:
ZUGANGSDATEN:	NUTZERNAME	
	PASSWORT	
WEBSEITE:	NAME/ADRESSE	NOTIZEN:
ZUGANGSDATEN:	NUTZERNAME	
	PASSWORT	
WEBSEITE:	NAME/ADRESSE	NOTIZEN:
ZUGANGSDATEN:	NUTZERNAME	
	PASSWORT	
WEBSEITE:	NAME/ADRESSE	NOTIZEN:
ZUGANGSDATEN:	NUTZERNAME	
	PASSWORT	
WEBSEITE:	NAME/ADRESSE	NOTIZEN:
ZUGANGSDATEN:	NUTZERNAME	
	PASSWORT	

Webadressen, Zugangsdaten, Passwörtern und Notizen!

U-V

WEBSEITE:	NAME/ADRESSE	NOTIZEN:
ZUGANGSDATEN:	NUTZERNAME	
	PASSWORT	
WEBSEITE:	NAME/ADRESSE	NOTIZEN:
ZUGANGSDATEN:	NUTZERNAME	
	PASSWORT	
WEBSEITE:	NAME/ADRESSE	NOTIZEN:
ZUGANGSDATEN:	NUTZERNAME	
	PASSWORT	
WEBSEITE:	NAME/ADRESSE	NOTIZEN:
ZUGANGSDATEN:	NUTZERNAME	
	PASSWORT	
WEBSEITE:	NAME/ADRESSE	NOTIZEN:
ZUGANGSDATEN:	NUTZERNAME	
	PASSWORT	
WEBSEITE:	NAME/ADRESSE	NOTIZEN:
ZUGANGSDATEN:	NUTZERNAME	
	PASSWORT	
WEBSEITE:	NAME/ADRESSE	NOTIZEN:
ZUGANGSDATEN:	NUTZERNAME	
	PASSWORT	
WEBSEITE:	NAME/ADRESSE	NOTIZEN:
ZUGANGSDATEN:	NUTZERNAME	
	PASSWORT	

Das individuelle Webseiten Verzeichnis

U-V

WEBSEITE:	NAME/ADRESSE	NOTIZEN:
ZUGANGSDATEN:	NUTZERNAME	
	PASSWORT	
WEBSEITE:	NAME/ADRESSE	NOTIZEN:
ZUGANGSDATEN:	NUTZERNAME	
	PASSWORT	
WEBSEITE:	NAME/ADRESSE	NOTIZEN:
ZUGANGSDATEN:	NUTZERNAME	
	PASSWORT	
WEBSEITE:	NAME/ADRESSE	NOTIZEN:
ZUGANGSDATEN:	NUTZERNAME	
	PASSWORT	
WEBSEITE:	NAME/ADRESSE	NOTIZEN:
ZUGANGSDATEN:	NUTZERNAME	
	PASSWORT	
WEBSEITE:	NAME/ADRESSE	NOTIZEN:
ZUGANGSDATEN:	NUTZERNAME	
	PASSWORT	
WEBSEITE:	NAME/ADRESSE	NOTIZEN:
ZUGANGSDATEN:	NUTZERNAME	
	PASSWORT	
WEBSEITE:	NAME/ADRESSE	NOTIZEN:
ZUGANGSDATEN:	NUTZERNAME	
	PASSWORT	

Webadressen, Zugangsdaten, Passwörtern und Notizen!

U-V

WEBSEITE:	NAME/ADRESSE	NOTIZEN:
ZUGANGSDATEN:	NUTZERNAME	
	PASSWORT	
WEBSEITE:	NAME/ADRESSE	NOTIZEN:
ZUGANGSDATEN:	NUTZERNAME	
	PASSWORT	
WEBSEITE:	NAME/ADRESSE	NOTIZEN:
ZUGANGSDATEN:	NUTZERNAME	
	PASSWORT	
WEBSEITE:	NAME/ADRESSE	NOTIZEN:
ZUGANGSDATEN:	NUTZERNAME	
	PASSWORT	
WEBSEITE:	NAME/ADRESSE	NOTIZEN:
ZUGANGSDATEN:	NUTZERNAME	
	PASSWORT	
WEBSEITE:	NAME/ADRESSE	NOTIZEN:
ZUGANGSDATEN:	NUTZERNAME	
	PASSWORT	
WEBSEITE:	NAME/ADRESSE	NOTIZEN:
ZUGANGSDATEN:	NUTZERNAME	
	PASSWORT	
WEBSEITE:	NAME/ADRESSE	NOTIZEN:
ZUGANGSDATEN:	NUTZERNAME	
	PASSWORT	

Das individuelle Webseiten Verzeichnis

U-V

WEBSEITE:	NAME/ADRESSE	NOTIZEN:
ZUGANGSDATEN:	NUTZERNAME	
	PASSWORT	
WEBSEITE:	NAME/ADRESSE	NOTIZEN:
ZUGANGSDATEN:	NUTZERNAME	
	PASSWORT	
WEBSEITE:	NAME/ADRESSE	NOTIZEN:
ZUGANGSDATEN:	NUTZERNAME	
	PASSWORT	
WEBSEITE:	NAME/ADRESSE	NOTIZEN:
ZUGANGSDATEN:	NUTZERNAME	
	PASSWORT	
WEBSEITE:	NAME/ADRESSE	NOTIZEN:
ZUGANGSDATEN:	NUTZERNAME	
	PASSWORT	
WEBSEITE:	NAME/ADRESSE	NOTIZEN:
ZUGANGSDATEN:	NUTZERNAME	
	PASSWORT	
WEBSEITE:	NAME/ADRESSE	NOTIZEN:
ZUGANGSDATEN:	NUTZERNAME	
	PASSWORT	
WEBSEITE:	NAME/ADRESSE	NOTIZEN:
ZUGANGSDATEN:	NUTZERNAME	
	PASSWORT	

Webadressen, Zugangsdaten, Passwörtern und Notizen!

U-V

WEBSEITE:	NAME/ADRESSE	NOTIZEN:
ZUGANGSDATEN:	NUTZERNAME	
	PASSWORT	
WEBSEITE:	NAME/ADRESSE	NOTIZEN:
ZUGANGSDATEN:	NUTZERNAME	
	PASSWORT	
WEBSEITE:	NAME/ADRESSE	NOTIZEN:
ZUGANGSDATEN:	NUTZERNAME	
	PASSWORT	
WEBSEITE:	NAME/ADRESSE	NOTIZEN:
ZUGANGSDATEN:	NUTZERNAME	
	PASSWORT	
WEBSEITE:	NAME/ADRESSE	NOTIZEN:
ZUGANGSDATEN:	NUTZERNAME	
	PASSWORT	
WEBSEITE:	NAME/ADRESSE	NOTIZEN:
ZUGANGSDATEN:	NUTZERNAME	
	PASSWORT	
WEBSEITE:	NAME/ADRESSE	NOTIZEN:
ZUGANGSDATEN:	NUTZERNAME	
	PASSWORT	
WEBSEITE:	NAME/ADRESSE	NOTIZEN:
ZUGANGSDATEN:	NUTZERNAME	
	PASSWORT	

Das individuelle Webseiten Verzeichnis

U-V

WEBSEITE:	NAME/ADRESSE	NOTIZEN:
ZUGANGSDATEN:	NUTZERNAME	
	PASSWORT	
WEBSEITE:	NAME/ADRESSE	NOTIZEN:
ZUGANGSDATEN:	NUTZERNAME	
	PASSWORT	
WEBSEITE:	NAME/ADRESSE	NOTIZEN:
ZUGANGSDATEN:	NUTZERNAME	
	PASSWORT	
WEBSEITE:	NAME/ADRESSE	NOTIZEN:
ZUGANGSDATEN:	NUTZERNAME	
	PASSWORT	
WEBSEITE:	NAME/ADRESSE	NOTIZEN:
ZUGANGSDATEN:	NUTZERNAME	
	PASSWORT	
WEBSEITE:	NAME/ADRESSE	NOTIZEN:
ZUGANGSDATEN:	NUTZERNAME	
	PASSWORT	
WEBSEITE:	NAME/ADRESSE	NOTIZEN:
ZUGANGSDATEN:	NUTZERNAME	
	PASSWORT	
WEBSEITE:	NAME/ADRESSE	NOTIZEN:
ZUGANGSDATEN:	NUTZERNAME	
	PASSWORT	

Webadressen, Zugangsdaten, Passwörtern und Notizen!

W-Z

WEBSEITE:	NAME/ADRESSE	NOTIZEN:
ZUGANGSDATEN:	NUTZERNAME	
	PASSWORT	
WEBSEITE:	NAME/ADRESSE	NOTIZEN:
ZUGANGSDATEN:	NUTZERNAME	
	PASSWORT	
WEBSEITE:	NAME/ADRESSE	NOTIZEN:
ZUGANGSDATEN:	NUTZERNAME	
	PASSWORT	
WEBSEITE:	NAME/ADRESSE	NOTIZEN:
ZUGANGSDATEN:	NUTZERNAME	
	PASSWORT	
WEBSEITE:	NAME/ADRESSE	NOTIZEN:
ZUGANGSDATEN:	NUTZERNAME	
	PASSWORT	
WEBSEITE:	NAME/ADRESSE	NOTIZEN:
ZUGANGSDATEN:	NUTZERNAME	
	PASSWORT	
WEBSEITE:	NAME/ADRESSE	NOTIZEN:
ZUGANGSDATEN:	NUTZERNAME	
	PASSWORT	
WEBSEITE:	NAME/ADRESSE	NOTIZEN:
ZUGANGSDATEN:	NUTZERNAME	
	PASSWORT	

Das individuelle Webseiten Verzeichnis

W-Z

WEBSEITE:	NAME/ADRESSE	NOTIZEN:
ZUGANGSDATEN:	NUTZERNAME	
	PASSWORT	
WEBSEITE:	NAME/ADRESSE	NOTIZEN:
ZUGANGSDATEN:	NUTZERNAME	
	PASSWORT	
WEBSEITE:	NAME/ADRESSE	NOTIZEN:
ZUGANGSDATEN:	NUTZERNAME	
	PASSWORT	
WEBSEITE:	NAME/ADRESSE	NOTIZEN:
ZUGANGSDATEN:	NUTZERNAME	
	PASSWORT	
WEBSEITE:	NAME/ADRESSE	NOTIZEN:
ZUGANGSDATEN:	NUTZERNAME	
	PASSWORT	
WEBSEITE:	NAME/ADRESSE	NOTIZEN:
ZUGANGSDATEN:	NUTZERNAME	
	PASSWORT	
WEBSEITE:	NAME/ADRESSE	NOTIZEN:
ZUGANGSDATEN:	NUTZERNAME	
	PASSWORT	
WEBSEITE:	NAME/ADRESSE	NOTIZEN:
ZUGANGSDATEN:	NUTZERNAME	
	PASSWORT	

Webadressen, Zugangsdaten, Passwörtern und Notizen!

W-Z

WEBSEITE:	NAME/ADRESSE	NOTIZEN:
ZUGANGSDATEN:	NUTZERNAME	
	PASSWORT	
WEBSEITE:	NAME/ADRESSE	NOTIZEN:
ZUGANGSDATEN:	NUTZERNAME	
	PASSWORT	
WEBSEITE:	NAME/ADRESSE	NOTIZEN:
ZUGANGSDATEN:	NUTZERNAME	
	PASSWORT	
WEBSEITE:	NAME/ADRESSE	NOTIZEN:
ZUGANGSDATEN:	NUTZERNAME	
	PASSWORT	
WEBSEITE:	NAME/ADRESSE	NOTIZEN:
ZUGANGSDATEN:	NUTZERNAME	
	PASSWORT	
WEBSEITE:	NAME/ADRESSE	NOTIZEN:
ZUGANGSDATEN:	NUTZERNAME	
	PASSWORT	
WEBSEITE:	NAME/ADRESSE	NOTIZEN:
ZUGANGSDATEN:	NUTZERNAME	
	PASSWORT	
WEBSEITE:	NAME/ADRESSE	NOTIZEN:
ZUGANGSDATEN:	NUTZERNAME	
	PASSWORT	

Das individuelle Webseiten Verzeichnis

W-Z

WEBSEITE:	NAME/ADRESSE	NOTIZEN:
ZUGANGSDATEN:	NUTZERNAME	
	PASSWORT	
WEBSEITE:	NAME/ADRESSE	NOTIZEN:
ZUGANGSDATEN:	NUTZERNAME	
	PASSWORT	
WEBSEITE:	NAME/ADRESSE	NOTIZEN:
ZUGANGSDATEN:	NUTZERNAME	
	PASSWORT	
WEBSEITE:	NAME/ADRESSE	NOTIZEN:
ZUGANGSDATEN:	NUTZERNAME	
	PASSWORT	
WEBSEITE:	NAME/ADRESSE	NOTIZEN:
ZUGANGSDATEN:	NUTZERNAME	
	PASSWORT	
WEBSEITE:	NAME/ADRESSE	NOTIZEN:
ZUGANGSDATEN:	NUTZERNAME	
	PASSWORT	
WEBSEITE:	NAME/ADRESSE	NOTIZEN:
ZUGANGSDATEN:	NUTZERNAME	
	PASSWORT	
WEBSEITE:	NAME/ADRESSE	NOTIZEN:
ZUGANGSDATEN:	NUTZERNAME	
	PASSWORT	

Webadressen, Zugangsdaten, Passwörtern und Notizen!

W-Z

WEBSEITE:	NAME/ADRESSE	NOTIZEN:
ZUGANGSDATEN:	NUTZERNAME	
	PASSWORT	
WEBSEITE:	NAME/ADRESSE	NOTIZEN:
ZUGANGSDATEN:	NUTZERNAME	
	PASSWORT	
WEBSEITE:	NAME/ADRESSE	NOTIZEN:
ZUGANGSDATEN:	NUTZERNAME	
	PASSWORT	
WEBSEITE:	NAME/ADRESSE	NOTIZEN:
ZUGANGSDATEN:	NUTZERNAME	
	PASSWORT	
WEBSEITE:	NAME/ADRESSE	NOTIZEN:
ZUGANGSDATEN:	NUTZERNAME	
	PASSWORT	
WEBSEITE:	NAME/ADRESSE	NOTIZEN:
ZUGANGSDATEN:	NUTZERNAME	
	PASSWORT	
WEBSEITE:	NAME/ADRESSE	NOTIZEN:
ZUGANGSDATEN:	NUTZERNAME	
	PASSWORT	
WEBSEITE:	NAME/ADRESSE	NOTIZEN:
ZUGANGSDATEN:	NUTZERNAME	
	PASSWORT	

Das individuelle Webseiten Verzeichnis

W-Z

WEBSEITE:	NAME/ADRESSE	NOTIZEN:
ZUGANGSDATEN:	NUTZERNAME	
	PASSWORT	
WEBSEITE:	NAME/ADRESSE	NOTIZEN:
ZUGANGSDATEN:	NUTZERNAME	
	PASSWORT	
WEBSEITE:	NAME/ADRESSE	NOTIZEN:
ZUGANGSDATEN:	NUTZERNAME	
	PASSWORT	
WEBSEITE:	NAME/ADRESSE	NOTIZEN:
ZUGANGSDATEN:	NUTZERNAME	
	PASSWORT	
WEBSEITE:	NAME/ADRESSE	NOTIZEN:
ZUGANGSDATEN:	NUTZERNAME	
	PASSWORT	
WEBSEITE:	NAME/ADRESSE	NOTIZEN:
ZUGANGSDATEN:	NUTZERNAME	
	PASSWORT	
WEBSEITE:	NAME/ADRESSE	NOTIZEN:
ZUGANGSDATEN:	NUTZERNAME	
	PASSWORT	
WEBSEITE:	NAME/ADRESSE	NOTIZEN:
ZUGANGSDATEN:	NUTZERNAME	
	PASSWORT	

Webadressen, Zugangsdaten, Passwörtern und Notizen!

W-Z

WEBSEITE:	NAME/ADRESSE	NOTIZEN:
ZUGANGSDATEN:	NUTZERNAME	
	PASSWORT	
WEBSEITE:	NAME/ADRESSE	NOTIZEN:
ZUGANGSDATEN:	NUTZERNAME	
	PASSWORT	
WEBSEITE:	NAME/ADRESSE	NOTIZEN:
ZUGANGSDATEN:	NUTZERNAME	
	PASSWORT	
WEBSEITE:	NAME/ADRESSE	NOTIZEN:
ZUGANGSDATEN:	NUTZERNAME	
	PASSWORT	
WEBSEITE:	NAME/ADRESSE	NOTIZEN:
ZUGANGSDATEN:	NUTZERNAME	
	PASSWORT	
WEBSEITE:	NAME/ADRESSE	NOTIZEN:
ZUGANGSDATEN:	NUTZERNAME	
	PASSWORT	
WEBSEITE:	NAME/ADRESSE	NOTIZEN:
ZUGANGSDATEN:	NUTZERNAME	
	PASSWORT	
WEBSEITE:	NAME/ADRESSE	NOTIZEN:
ZUGANGSDATEN:	NUTZERNAME	
	PASSWORT	

Das individuelle Webseiten Verzeichnis

0-9

WEBSEITE:	NAME/ADRESSE	NOTIZEN:
ZUGANGSDATEN:	NUTZERNAME	
	PASSWORT	
WEBSEITE:	NAME/ADRESSE	NOTIZEN:
ZUGANGSDATEN:	NUTZERNAME	
	PASSWORT	
WEBSEITE:	NAME/ADRESSE	NOTIZEN:
ZUGANGSDATEN:	NUTZERNAME	
	PASSWORT	
WEBSEITE:	NAME/ADRESSE	NOTIZEN:
ZUGANGSDATEN:	NUTZERNAME	
	PASSWORT	
WEBSEITE:	NAME/ADRESSE	NOTIZEN:
ZUGANGSDATEN:	NUTZERNAME	
	PASSWORT	
WEBSEITE:	NAME/ADRESSE	NOTIZEN:
ZUGANGSDATEN:	NUTZERNAME	
	PASSWORT	
WEBSEITE:	NAME/ADRESSE	NOTIZEN:
ZUGANGSDATEN:	NUTZERNAME	
	PASSWORT	
WEBSEITE:	NAME/ADRESSE	NOTIZEN:
ZUGANGSDATEN:	NUTZERNAME	
	PASSWORT	

Webadressen, Zugangsdaten, Passwörtern und Notizen!

0-9

WEBSEITE:	NAME/ADRESSE	NOTIZEN:
ZUGANGSDATEN:	NUTZERNAME	
	PASSWORT	
WEBSEITE:	NAME/ADRESSE	NOTIZEN:
ZUGANGSDATEN:	NUTZERNAME	
	PASSWORT	
WEBSEITE:	NAME/ADRESSE	NOTIZEN:
ZUGANGSDATEN:	NUTZERNAME	
	PASSWORT	
WEBSEITE:	NAME/ADRESSE	NOTIZEN:
ZUGANGSDATEN:	NUTZERNAME	
	PASSWORT	
WEBSEITE:	NAME/ADRESSE	NOTIZEN:
ZUGANGSDATEN:	NUTZERNAME	
	PASSWORT	
WEBSEITE:	NAME/ADRESSE	NOTIZEN:
ZUGANGSDATEN:	NUTZERNAME	
	PASSWORT	
WEBSEITE:	NAME/ADRESSE	NOTIZEN:
ZUGANGSDATEN:	NUTZERNAME	
	PASSWORT	
WEBSEITE:	NAME/ADRESSE	NOTIZEN:
ZUGANGSDATEN:	NUTZERNAME	
	PASSWORT	

Das individuelle Webseiten Verzeichnis

0-9

WEBSEITE:	NAME/ADRESSE	NOTIZEN:
ZUGANGSDATEN:	NUTZERNAME	
	PASSWORT	

WEBSEITE:	NAME/ADRESSE	NOTIZEN:
ZUGANGSDATEN:	NUTZERNAME	
	PASSWORT	

WEBSEITE:	NAME/ADRESSE	NOTIZEN:
ZUGANGSDATEN:	NUTZERNAME	
	PASSWORT	

WEBSEITE:	NAME/ADRESSE	NOTIZEN:
ZUGANGSDATEN:	NUTZERNAME	
	PASSWORT	

WEBSEITE:	NAME/ADRESSE	NOTIZEN:
ZUGANGSDATEN:	NUTZERNAME	
	PASSWORT	

WEBSEITE:	NAME/ADRESSE	NOTIZEN:
ZUGANGSDATEN:	NUTZERNAME	
	PASSWORT	

WEBSEITE:	NAME/ADRESSE	NOTIZEN:
ZUGANGSDATEN:	NUTZERNAME	
	PASSWORT	

WEBSEITE:	NAME/ADRESSE	NOTIZEN:
ZUGANGSDATEN:	NUTZERNAME	
	PASSWORT	

Webadressen, Zugangsdaten, Passwörtern und Notizen!

0-9

WEBSEITE:	NAME/ADRESSE	NOTIZEN:
ZUGANGSDATEN:	NUTZERNAME	
	PASSWORT	
WEBSEITE:	NAME/ADRESSE	NOTIZEN:
ZUGANGSDATEN:	NUTZERNAME	
	PASSWORT	
WEBSEITE:	NAME/ADRESSE	NOTIZEN:
ZUGANGSDATEN:	NUTZERNAME	
	PASSWORT	
WEBSEITE:	NAME/ADRESSE	NOTIZEN:
ZUGANGSDATEN:	NUTZERNAME	
	PASSWORT	
WEBSEITE:	NAME/ADRESSE	NOTIZEN:
ZUGANGSDATEN:	NUTZERNAME	
	PASSWORT	
WEBSEITE:	NAME/ADRESSE	NOTIZEN:
ZUGANGSDATEN:	NUTZERNAME	
	PASSWORT	
WEBSEITE:	NAME/ADRESSE	NOTIZEN:
ZUGANGSDATEN:	NUTZERNAME	
	PASSWORT	
WEBSEITE:	NAME/ADRESSE	NOTIZEN:
ZUGANGSDATEN:	NUTZERNAME	
	PASSWORT	

Das individuelle Webseiten Verzeichnis

0-9

WEBSEITE:	NAME/ADRESSE	NOTIZEN:
ZUGANGSDATEN:	NUTZERNAME	
	PASSWORT	
WEBSEITE:	NAME/ADRESSE	NOTIZEN:
ZUGANGSDATEN:	NUTZERNAME	
	PASSWORT	
WEBSEITE:	NAME/ADRESSE	NOTIZEN:
ZUGANGSDATEN:	NUTZERNAME	
	PASSWORT	
WEBSEITE:	NAME/ADRESSE	NOTIZEN:
ZUGANGSDATEN:	NUTZERNAME	
	PASSWORT	
WEBSEITE:	NAME/ADRESSE	NOTIZEN:
ZUGANGSDATEN:	NUTZERNAME	
	PASSWORT	
WEBSEITE:	NAME/ADRESSE	NOTIZEN:
ZUGANGSDATEN:	NUTZERNAME	
	PASSWORT	
WEBSEITE:	NAME/ADRESSE	NOTIZEN:
ZUGANGSDATEN:	NUTZERNAME	
	PASSWORT	
WEBSEITE:	NAME/ADRESSE	NOTIZEN:
ZUGANGSDATEN:	NUTZERNAME	
	PASSWORT	

Webadressen, Zugangsdaten, Passwörtern und Notizen!

0-9

WEBSEITE:	NAME/ADRESSE	NOTIZEN:
ZUGANGSDATEN:	NUTZERNAME	
	PASSWORT	
WEBSEITE:	NAME/ADRESSE	NOTIZEN:
ZUGANGSDATEN:	NUTZERNAME	
	PASSWORT	
WEBSEITE:	NAME/ADRESSE	NOTIZEN:
ZUGANGSDATEN:	NUTZERNAME	
	PASSWORT	
WEBSEITE:	NAME/ADRESSE	NOTIZEN:
ZUGANGSDATEN:	NUTZERNAME	
	PASSWORT	
WEBSEITE:	NAME/ADRESSE	NOTIZEN:
ZUGANGSDATEN:	NUTZERNAME	
	PASSWORT	
WEBSEITE:	NAME/ADRESSE	NOTIZEN:
ZUGANGSDATEN:	NUTZERNAME	
	PASSWORT	
WEBSEITE:	NAME/ADRESSE	NOTIZEN:
ZUGANGSDATEN:	NUTZERNAME	
	PASSWORT	
WEBSEITE:	NAME/ADRESSE	NOTIZEN:
ZUGANGSDATEN:	NUTZERNAME	
	PASSWORT	

Das individuelle Webseiten Verzeichnis

0-9

WEBSEITE:	NAME/ADRESSE	NOTIZEN:
ZUGANGSDATEN:	NUTZERNAME	
	PASSWORT	
WEBSEITE:	NAME/ADRESSE	NOTIZEN:
ZUGANGSDATEN:	NUTZERNAME	
	PASSWORT	
WEBSEITE:	NAME/ADRESSE	NOTIZEN:
ZUGANGSDATEN:	NUTZERNAME	
	PASSWORT	
WEBSEITE:	NAME/ADRESSE	NOTIZEN:
ZUGANGSDATEN:	NUTZERNAME	
	PASSWORT	
WEBSEITE:	NAME/ADRESSE	NOTIZEN:
ZUGANGSDATEN:	NUTZERNAME	
	PASSWORT	
WEBSEITE:	NAME/ADRESSE	NOTIZEN:
ZUGANGSDATEN:	NUTZERNAME	
	PASSWORT	
WEBSEITE:	NAME/ADRESSE	NOTIZEN:
ZUGANGSDATEN:	NUTZERNAME	
	PASSWORT	
WEBSEITE:	NAME/ADRESSE	NOTIZEN:
ZUGANGSDATEN:	NUTZERNAME	
	PASSWORT	

Webadressen, Zugangsdaten, Passwörtern und Notizen!

Sonstiges

WEBSEITE:	NAME/ADRESSE	NOTIZEN:
ZUGANGSDATEN:	NUTZERNAME	
	PASSWORT	
WEBSEITE:	NAME/ADRESSE	NOTIZEN:
ZUGANGSDATEN:	NUTZERNAME	
	PASSWORT	
WEBSEITE:	NAME/ADRESSE	NOTIZEN:
ZUGANGSDATEN:	NUTZERNAME	
	PASSWORT	
WEBSEITE:	NAME/ADRESSE	NOTIZEN:
ZUGANGSDATEN:	NUTZERNAME	
	PASSWORT	
WEBSEITE:	NAME/ADRESSE	NOTIZEN:
ZUGANGSDATEN:	NUTZERNAME	
	PASSWORT	
WEBSEITE:	NAME/ADRESSE	NOTIZEN:
ZUGANGSDATEN:	NUTZERNAME	
	PASSWORT	
WEBSEITE:	NAME/ADRESSE	NOTIZEN:
ZUGANGSDATEN:	NUTZERNAME	
	PASSWORT	
WEBSEITE:	NAME/ADRESSE	NOTIZEN:
ZUGANGSDATEN:	NUTZERNAME	
	PASSWORT	

Sonstiges

WEBSEITE:	NAME/ADRESSE	NOTIZEN:
ZUGANGSDATEN:	NUTZERNAME	
	PASSWORT	
WEBSEITE:	NAME/ADRESSE	NOTIZEN:
ZUGANGSDATEN:	NUTZERNAME	
	PASSWORT	
WEBSEITE:	NAME/ADRESSE	NOTIZEN:
ZUGANGSDATEN:	NUTZERNAME	
	PASSWORT	
WEBSEITE:	NAME/ADRESSE	NOTIZEN:
ZUGANGSDATEN:	NUTZERNAME	
	PASSWORT	
WEBSEITE:	NAME/ADRESSE	NOTIZEN:
ZUGANGSDATEN:	NUTZERNAME	
	PASSWORT	
WEBSEITE:	NAME/ADRESSE	NOTIZEN:
ZUGANGSDATEN:	NUTZERNAME	
	PASSWORT	
WEBSEITE:	NAME/ADRESSE	NOTIZEN:
ZUGANGSDATEN:	NUTZERNAME	
	PASSWORT	
WEBSEITE:	NAME/ADRESSE	NOTIZEN:
ZUGANGSDATEN:	NUTZERNAME	
	PASSWORT	

Webadressen, Zugangsdaten, Passwörtern und Notizen!

Sonstiges

WEBSEITE:	NAME/ADRESSE	NOTIZEN:
ZUGANGSDATEN:	NUTZERNAME	
	PASSWORT	
WEBSEITE:	NAME/ADRESSE	NOTIZEN:
ZUGANGSDATEN:	NUTZERNAME	
	PASSWORT	
WEBSEITE:	NAME/ADRESSE	NOTIZEN:
ZUGANGSDATEN:	NUTZERNAME	
	PASSWORT	
WEBSEITE:	NAME/ADRESSE	NOTIZEN:
ZUGANGSDATEN:	NUTZERNAME	
	PASSWORT	
WEBSEITE:	NAME/ADRESSE	NOTIZEN:
ZUGANGSDATEN:	NUTZERNAME	
	PASSWORT	
WEBSEITE:	NAME/ADRESSE	NOTIZEN:
ZUGANGSDATEN:	NUTZERNAME	
	PASSWORT	
WEBSEITE:	NAME/ADRESSE	NOTIZEN:
ZUGANGSDATEN:	NUTZERNAME	
	PASSWORT	
WEBSEITE:	NAME/ADRESSE	NOTIZEN:
ZUGANGSDATEN:	NUTZERNAME	
	PASSWORT	

Das individuelle Webseiten Verzeichnis

Sonstiges

WEBSEITE:	NAME/ADRESSE	NOTIZEN:
ZUGANGSDATEN:	NUTZERNAME	
	PASSWORT	
WEBSEITE:	NAME/ADRESSE	NOTIZEN:
ZUGANGSDATEN:	NUTZERNAME	
	PASSWORT	
WEBSEITE:	NAME/ADRESSE	NOTIZEN:
ZUGANGSDATEN:	NUTZERNAME	
	PASSWORT	
WEBSEITE:	NAME/ADRESSE	NOTIZEN:
ZUGANGSDATEN:	NUTZERNAME	
	PASSWORT	
WEBSEITE:	NAME/ADRESSE	NOTIZEN:
ZUGANGSDATEN:	NUTZERNAME	
	PASSWORT	
WEBSEITE:	NAME/ADRESSE	NOTIZEN:
ZUGANGSDATEN:	NUTZERNAME	
	PASSWORT	
WEBSEITE:	NAME/ADRESSE	NOTIZEN:
ZUGANGSDATEN:	NUTZERNAME	
	PASSWORT	
WEBSEITE:	NAME/ADRESSE	NOTIZEN:
ZUGANGSDATEN:	NUTZERNAME	
	PASSWORT	

Webadressen, Zugangsdaten, Passwörtern und Notizen!

Sonstiges

WEBSEITE:	NAME/ADRESSE	NOTIZEN:
ZUGANGSDATEN:	NUTZERNAME	
	PASSWORT	
WEBSEITE:	NAME/ADRESSE	NOTIZEN:
ZUGANGSDATEN:	NUTZERNAME	
	PASSWORT	
WEBSEITE:	NAME/ADRESSE	NOTIZEN:
ZUGANGSDATEN:	NUTZERNAME	
	PASSWORT	
WEBSEITE:	NAME/ADRESSE	NOTIZEN:
ZUGANGSDATEN:	NUTZERNAME	
	PASSWORT	
WEBSEITE:	NAME/ADRESSE	NOTIZEN:
ZUGANGSDATEN:	NUTZERNAME	
	PASSWORT	
WEBSEITE:	NAME/ADRESSE	NOTIZEN:
ZUGANGSDATEN:	NUTZERNAME	
	PASSWORT	
WEBSEITE:	NAME/ADRESSE	NOTIZEN:
ZUGANGSDATEN:	NUTZERNAME	
	PASSWORT	
WEBSEITE:	NAME/ADRESSE	NOTIZEN:
ZUGANGSDATEN:	NUTZERNAME	
	PASSWORT	

Das individuelle Webseiten Verzeichnis

Sonstiges

WEBSEITE:	NAME/ADRESSE	NOTIZEN:
ZUGANGSDATEN:	NUTZERNAME	
	PASSWORT	
WEBSEITE:	NAME/ADRESSE	NOTIZEN:
ZUGANGSDATEN:	NUTZERNAME	
	PASSWORT	
WEBSEITE:	NAME/ADRESSE	NOTIZEN:
ZUGANGSDATEN:	NUTZERNAME	
	PASSWORT	
WEBSEITE:	NAME/ADRESSE	NOTIZEN:
ZUGANGSDATEN:	NUTZERNAME	
	PASSWORT	
WEBSEITE:	NAME/ADRESSE	NOTIZEN:
ZUGANGSDATEN:	NUTZERNAME	
	PASSWORT	
WEBSEITE:	NAME/ADRESSE	NOTIZEN:
ZUGANGSDATEN:	NUTZERNAME	
	PASSWORT	
WEBSEITE:	NAME/ADRESSE	NOTIZEN:
ZUGANGSDATEN:	NUTZERNAME	
	PASSWORT	
WEBSEITE:	NAME/ADRESSE	NOTIZEN:
ZUGANGSDATEN:	NUTZERNAME	
	PASSWORT	

Webadressen, Zugangsdaten, Passwörtern und Notizen!

Sonstiges

WEBSEITE:	NAME/ADRESSE	NOTIZEN:
ZUGANGSDATEN:	NUTZERNAME	
	PASSWORT	
WEBSEITE:	NAME/ADRESSE	NOTIZEN:
ZUGANGSDATEN:	NUTZERNAME	
	PASSWORT	
WEBSEITE:	NAME/ADRESSE	NOTIZEN:
ZUGANGSDATEN:	NUTZERNAME	
	PASSWORT	
WEBSEITE:	NAME/ADRESSE	NOTIZEN:
ZUGANGSDATEN:	NUTZERNAME	
	PASSWORT	
WEBSEITE:	NAME/ADRESSE	NOTIZEN:
ZUGANGSDATEN:	NUTZERNAME	
	PASSWORT	
WEBSEITE:	NAME/ADRESSE	NOTIZEN:
ZUGANGSDATEN:	NUTZERNAME	
	PASSWORT	
WEBSEITE:	NAME/ADRESSE	NOTIZEN:
ZUGANGSDATEN:	NUTZERNAME	
	PASSWORT	
WEBSEITE:	NAME/ADRESSE	NOTIZEN:
ZUGANGSDATEN:	NUTZERNAME	
	PASSWORT	

Meine Notizen

NOTIZEN

WEITERE INFOS	DATUM

Webadressen, Zugangsdaten, Passwörtern und Notizen!

Meine Notizen

NOTIZEN

WEITERE INFOS		DATUM

Meine Notizen

NOTIZEN

WEITERE INFOS	DATUM

Webadressen, Zugangsdaten, Passwörtern und Notizen!

Meine Notizen

NOTIZEN

WEITERE INFOS	DATUM

Wie hat Ihnen dieses Buch gefallen?

Unser kleines Team von Spezialisten ist bereits seit 1993 als Redaktionsbüro für die unterschiedlichsten Medien tätig. Bereits zu Beginn der Arbeit gehörte die Veröffentlichung von diversen Fachbüchern dazu.

Daher werden wir diesen Titel weiterhin pflegen und erweitern. Wir freuen uns über Ihre Meinung. Schreiben Sie uns an ebookguide@t-online.de oder an ebook@streamingz.de mit dem Betreff „Mein Web-Adressbuch".

In eigener Sache, Rechtliches, Impressum

Der vorliegende Titel wurde mit großer Sorgfalt erstellt. Dennoch können Fehler nicht vollkommen ausgeschlossen werden. Der Autor und das Team von **streamingz.de** übernehmen daher keine juristische Verantwortung und keinerlei Haftung für Schäden, die aus der Benutzung dieses Buches oder Teilen davon entstehen. Insbesondere sind der Autor und das Team von **streamingz.de** nicht verpflichtet, Folge- oder mittelbare Schäden zu ersetzen.

Gewerbliche Kennzeichen- und Schutzrechte bleiben von diesem Titel unberührt.

Das Werk einschließlich aller Teile ist urheberrechtlich geschützt. Alle Rechte, auch die der Übersetzung, des Nachdrucks und der Vervielfältigung dieses Titels oder von Teilen daraus, verbleiben bei der W. LINDO Marketingberatung (Redaktionsbüro Lindo). Ohne die schriftliche Einwilligung der W. LINDO Marketingberatung (Redaktionsbüro Lindo) darf kein Teil dieses Dokumentes in irgendeiner Form oder auf irgendeine elektronische oder mechanische Weise für irgendeinen Zweck vervielfältigt werden.

Das vorliegende Buch / E-Book ist ausschließlich für die eigene, private Verwendung bestimmt.

Cover-Foto: © stockunlimited.com / Redaktionsbüro Lindo

Facebook, Twitter und andere Markennamen, Warenzeichen, die in diesem Buch verwendet werden, sind Eigentum Ihrer rechtmäßigen Eigentümer. Alle Warennamen werden ohne Gewährleistung der freien Verwendbarkeit benutzt und sind möglicherweise eingetragene Warenzeichen. Der Verlag richtet sich im Wesentlichen nach den Schreibweisen der Hersteller.

Vielen Dank - Wilfred Lindo

NEU: Unsere neue Seite zum Thema: **www.streamingz.de**

Twitter: http://www.twitter.com/ebookguide

Herausgegeben von:

ebookblog.de / ebookguide.de

Redaktionsbüro Lindo

Dipl. Kom. Wilfred Lindo

12349 Berlin

© 2020 by Wilfred Lindo Marketingberatung / Redaktionsbüro Lindo

Buch-Produktion und -Distribution

Redaktionsbüro Lindo

Scan mich! Weitere Ratgeber, die ebenfalls für Sie interessant sind! Unter **Streamingz.de**

Update-Service

Beachten Sie bitte unseren **Update-Service** für diesen Titel! Scan mich!

Bildnachweis

Bilder, die nicht gesondert aufgeführt werden, unterliegen dem Copyright des Autors.

Historie

Aktuelle Version 1.0.1